国家战略

"十三五"国家发展与规划目标

郑 轩◎主编

人民东方出版传媒

东方出版社

图书在版编目（CIP）数据

国家战略："十三五"国家发展与规划目标／郑轩主编．—北京：东方出版社，2015

ISBN 978-7-5060-8705-6

Ⅰ．①国…　Ⅱ．①郑…　Ⅲ．①国民经济计划-五年计划-研究-中国-2016~2020　Ⅳ．①F123.3

中国版本图书馆 CIP 数据核字（2015）第 253660 号

国家战略："十三五"国家发展与规划目标

GUOJIA ZHANLÜE："SHISANWU" GUOJIA FAZHAN YU GUIHUA MUBIAO

郑轩　主编

责任编辑：杨朝霞

出　　版：東方出版社

发　　行：人民东方出版传媒有限公司

地　　址：北京市东城区东四十条 113 号

邮政编码：100007

印　　刷：北京佳顺印务有限公司

版　　次：2016 年 5 月第 1 版

印　　次：2016 年 5 月北京第 1 次印刷

开　　本：710 毫米×1000 毫米　1/16

印　　张：18

字　　数：260 千字

书　　号：ISBN 978-7-5060-8705-6

定　　价：58.00 元

发行电话：(010) 85924663　85924644　85924641

目录

目录
CONTENTS

目录 CONTENTS

目录
CONTENTS

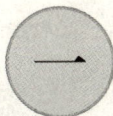

（一）

经济建设篇

　　新常态下，我国经济发展表现出速度变化、结构优化、动力转换三大特点，增长速度要从高速转向中高速，发展方式要从规模速度型转向质量效率型，经济结构调整要从增量扩能为主转向调整存量、做优增量并举，发展动力要从主要依靠资源和低成本劳动力等要素投入转向创新驱动。

供给侧改革具有稳定预期作用

吴敬琏

作者简介：吴敬琏，现任国务院发展研究中心研究员、中欧国际工商管理学院讲席教授，国家信息化专家咨询委员会副主任，《比较》《洪范评论》主编。中国经济学家。市场经济改革最著名的倡导者，整体改革理论主要代表之一。

当前中国经济形势依然严峻

现在中国经济面临严峻挑战，这个挑战概括地说，就是中央讲的“三期叠加”和“四降一升”。

“三期叠加”中的第一个期是经济增长换挡期，也就是经济增长减速。第二个期是结构调整阵痛期。优化经济结构的过程不会轻松，需要付出成本，会产生阵痛。第三个期是前期刺激政策消化期。前面两期出现后，政府就加强刺激政策，它造成的结果是整个国家的资产负债表负债率太高，杠杆率越来越高。杠杆率升高，会发生系统性危机。“四降一升”是指经济增速下降、工业品出厂价格下降、实体企业盈利下降、财政收入增速下降，加上经济风险发生的概率上升。

应对挑战，关键依靠创新和效率提高

面对这些挑战，2015年底召开的中央经济工作会议决定，要着力推进供给侧结构性改革，推动经济的持续稳定发展。

对于这些挑战发生的原因和应对方法，在经济学界出现了分歧，主要有两种分析方法和两种不同的结论。

第一种分析方法从“需求侧因素”分析。他们认为，为什么发生增速下降？是因为拉动经济增长的“三驾马车”（投资、消费、出口）没有力量了，拉不动了，即需求不足造成了GDP增长速度下降。用这种分析得出的结论是，要拉动经济增长就要增加需求，包括消费需求、出口需求。虽然政府推出了一系列政策，但是成效并不明显。最后就是继续沿用增加投资需求的办法。从 2009 年开始一直采用这个办法"扩需求、保增长"，比如，2009 年的 4 万亿经济刺激措施，近 10 万亿的贷款。从 2009 年，经济学界就有人对这种做法提出不同意见。从经济学理论上来说，所谓"三驾马车"是从凯恩斯主义的短期分析框架脱胎而来。而用凯恩斯的短期分析框架去研究中国的长期经济增长问题。这显然是一个误用。这个办法实行这么多年以后，到现在出现两个问题：第一，投资效果递减。2009年的时候 4 万亿投资、10 万亿贷款一下去，经济马上反弹，增长几个百分点，但是越到后来效果越差。2014 年效果就非常短暂，只起了一个季度的作用，2015 年完全没有作用。第二，资产负债表里面的负债率积累得越来越多。到 2015 年中期，中国的三个资产负债表，居民、企业和各级政府的杠杆率，即负债对 GDP 的比例远远超过了警戒线。一般认为这个比例在百分之二百以上就是警戒线，到了 2015 年中期，低的估计是百分之二百五十，高的估计是百分之三百。其中负债率第一位的是企业，当它们的杠杆率高了以后，导致经济运行某些环节上出现断裂，引发"跑路"现象。一旦这个爆发点多了以后，它有传导效应和连锁反应，就容易出现系统性危机。所以，看来用刺激需求的办法来应对现在面临的挑战是不现实的。

第二种分析方法是从"供给侧因素"分析。对于长期经济发展，应该去分析供给侧的因素出了什么问题。所谓供给侧的因素，就是决定 GDP 总量和 GDP 的增长因素是什么。从供给侧来说，主要有三个因素：投资、劳动、效率。现在中国的问题是，人口红利已经没有了，新增劳动力正在减少，而且减少速度相当快。这么多年用投资拉动增长，已经造成这么大的问题。经济运行中出现的问题主要归因于效率太低。"以前，我们不需要很多的自主创新，只要购买外国设备和技术，生产技术水平就会很快提高。但是，随着一般的生产技术水平跟外国很接近了，要用简单的购买外国设备、引进外国技术来提高一般的技术水平的路子已经走不通了，必须自主创新。

从供给侧分析得出的结论是，我们要应对挑战，最根本的一条就是增长方式和发展方式要转轨，要找到新的动力，只有提高所谓索洛余量，即技术进步、效率提高对经济增长的贡献，优化结构，促进创新，从原来靠投资转向靠效率提高，或者 TFP（全要素生产率）的提高。"

这两种不同的分析方法得出了不同的结论。要从根本上应对面临的挑战，就是要靠创新、靠效率提高或者转变经济发展方式。

体制性障碍致转变经济发展方式难实现

转变经济发展方式，提高供给的质量和效率，这是供给侧改革的实质。实际上，这个问题早在 1995 年制定"九五"计划建议里面就提出来了。虽然之后有一些提法上的差异，但实质内容是一致的，比如，"十三五"规划建议提出要以提高经济发展质量和效益为中心；2015 年中央经济工作会议强调要着力推进以提高供给质量和效率为目标的供给侧结构改革。还有多年前提出的"跨越中等收入陷阱"和转变经济发展方式，它们的实质性内容是一致的，都在于实现经济发展方式从投资驱动到效率驱动的转型。

"转变经济发展方式已经提出 20 年，为什么至今没有实现？问题在哪里？"问题在于存在体制性障碍。这种体制性障碍主要包括两方面：第一方面，把 GDP 增长看成是政绩的主要指标。第二方面，各级政府拥有太多的资源配置权力。这两方面加在一块儿就构成了各级政府都要运用手里资源配置权力去营造 GDP 的高速增长。现在面临的还是这个问题，就是怎么能够打破这种体制性障碍。

这个旧体制的核心问题就是在资源配置中到底是政府起决定性作用还是市场起决定性作用。十八大，十八届三中、四中、五中全会已经作出决定，要通过全面深化改革，来逐渐改造这个旧体制。所以，成败的关键就在于能不能按照中共十八大、十八届三中全会、四中全会和五中全会的决定，落实各项改革措施。

关键在于切实推进改革

把这一切总结起来，我们应该采取的方针就是在稳住大局，保证不发生系统风险的条件下，把主要精力放在切实推进改革上，尽快按照十八大以来中央的决定，消除体制性障碍，建立能够激励创新和创业的经济体系，也就是统一开放、竞争有序的市场体系。

下一步，我们应该加快推进这些改革：从简政放权到制定市场进入的负面清单和对政府授权的正面清单；金融改革要全面深化，现在利率市场化和汇率市场化的进度很快，超出了原来的预期，但是包括股市监管在内的其他方面的改革如果没有加以支撑和跟进的话，只是在这两个金融价格的市场化方面单向出击，仍然存在金融市场不稳定的问题；财政体系亟须完善；国有经济和国企改革亟待展开；竞争政策的全面实施亟须提到日程上来，现在不只是国有企业有很多行政垄断权，有些私营企业也靠吃偏饭得到一些政策优惠，一个企业如果得到了政策优惠就等于打击了其他企业，就使得竞争无法开展，所以竞争政策必须全面实施；建设自贸区，开创对外开放的新局面，营造一个市场化、国际化、法治化的营商环境；教育体系改革、法治建设也要加快推进。法治建设也非常重要。十八届三中全会说要建立一个统一开放、竞争有序的市场体系，什么叫有序？有序就是法治化，最主要的"序"就是法律。

中央经济工作会议提出的五大任务，即去产能、去库存、去杠杆、降成本、补短板这些问题都是长期积累的，现在时间拖得太久，在短时间内要将结构扭曲扭过来，有相当大的难度。而且原来的结构与他对应的是一套利益结构，要把原来的结构变成一个新的有效的结构，就连带着利益结构调整的问题。这个利益结构的调整也是非常艰巨、复杂的任务。在这个过程中还会碰到一个问题，中央提出调结构，老办法又来了，依然用行政办法调结构，怎么办呢？一个是要靠市场、靠竞争，通过竞争发挥奖优罚劣、优胜劣汰的作用去实现结构优化。当然这个过程中会发生很多问题，譬如说去产能，职工怎么办？十八届三中全会说了要更好地发挥政府的作用。比如，首先有一条是中央提出来社会政策要托底，这个托底的任务就在政府身上了。所谓要更好地发挥政府的作用，不是说要像老的办法那样政府到处用行政命令解决问题，而是政府要去做十八届三中全会讲的政府应该做的事情。

（摘自《经济参考报》2016 年 1 月 15 日）

中国经济发展六大规律及未来趋向

胡鞍钢

作者简介：胡鞍钢，清华大学公共管理学院教授、博士生导师，清华大学国情研究院院长。

　　建立在对“十二五”发展经验的全面总结上，习近平总书记对发展作出的回答是："发展必须是遵循经济规律的科学发展，必须是遵循自然规律的可持续发展，必须是遵循社会规律的包容性发展。"

　　发展的成功与失败既是十分难以理解的秘密，也是十分简单明了的道理。认识中国经济规律，就可以使我们把十分难以理解的秘密变成十分简单明了的道理。历史告诉我们，以往的失败就是自己瞎折腾，未来的中国之路不能再瞎折腾。认识并遵循社会主义市场经济规律就会避免瞎折腾。

认识规律

　　世界上没有一个最好的现代化发展模式，没有一个尽善尽美的体制，只有一条最适合自己的道路。中国一直在探索并将继续探索适合自己国情的中国特色社会主义现代化道路。这是一个不断探索、不断创新之路，是一个不断挑战与不断应战的螺旋式上升之路。我们如果要真正地认识和理解中国经济发展之路，需要认真地思考和总结已经展现给我们的一些规律性的东西。

　　什么是社会主义市场经济规律呢？怎样反映过去六十多年来特别是改革开放以来我们对这一规律的总体认识？这包括几个方面：

　　社会主义初级阶段。如何正确认识我国社会所处的历史阶段，是认识中国经济发展规律的基本国情依据。1987年党的十三大报告首次作出了明确的判断：我国正处在社会主义的初级阶段。这包括两层含义：第一，我国社会已经是社会主义社会，我们必须坚持并不能离开社会主义。第二，我国的社会主义社会还处在初级阶段。

我们必须从这个实际出发，而不能超越这个阶段。我国的基本国情是：人口多、底子薄，人均国民生产总值仍居世界后列。那时中国是世界上绝对贫困人口最多的国家，也属于世界低收入水平、低人类发展水平国家。该报告还前瞻性地指出：我国从 50 年代生产资料私有制的社会主义改造基本完成，到社会主义现代化的基本实现，至少需要上百年时间，都属于社会主义初级阶段。2012 年党的十八大报告再次指出，我国仍处于并将长期处于社会主义初级阶段，这是我国最大国情、最大实际。当前，中国已进入中等收入阶段、高人类发展水平（人类发展指数 HDI 指数大于 0.700）阶段。未来中国将向世界高收入阶段、极高人类发展水平（HDI 指数大于 0.800）阶段迈进。尽管仍处在社会主义初级阶段这一历史时期，但是进入较高的发展阶段。

社会主义市场经济体制。这既不同于资本主义自由市场经济，也不同于传统社会主义计划经济，而是社会主义与市场经济相结合、相融合、相促进的一种新型社会主义经济，这就是党的十八届三中全会《决定》所定义的社会主义基本经济制度，即公有制为主体、多种所有制经济共同发展的基本经济制度：增强国有经济活力、控制力、影响力，积极发展混合所有制经济，毫不动摇鼓励、支持、引导非公有制经济发展，激发非公有制经济活力和创造力；建设统一开放、竞争有序的市场体系，使市场在资源配置中起决定性作用；科学的宏观调控，有效的政府治理，更好地发挥政府作用，努力形成市场作用和政府作用有机统一、相互补充、相互协调、相互促进的格局，推动经济社会持续健康发展。

社会主义经济现代化。中国作为世界性现代化进程的后来者，直到五十年代初才开始发动工业化和现代化。它的初始条件、发展起点和发展过程既不同于西方的私人现代化，也不同于苏联式的国家经济现代化，而是经历了先是五十年代的国家工业化，改革开放后的混合工业化，这包括城镇工业化与农村工业化（乡镇企业）、国家工业化（国有经济）与私人工业化（非国有经济），再到21世纪以来的"新型工业化"（工业化与信息化）以及"四化同步"，即党的十八大报告所提出的"坚持走中国特色新型工业化、信息化、城镇化、农业现代化道路，推动信息化和工业化深度融合、工业化和城镇化良性互动、城镇化和农业现代化相互协调，促进工业化、信息化、城镇化、农业现代化同步发展。"未来还是"五化同步"，包括了"绿色化"。这意味着中国不仅要同时完成发达国家花费几百年时间才完成的"四化"，还要在相对短的时间内完成并创新中国特色新型"五化"。

创新发展、跨越发展。中国一度是现代科学技术的落伍者，曾是"一穷二白"的国家，又作为世界性科技革命的追赶者，是实行自主创新政策的极少数发展中国家之一。20世纪60年代中期，毛泽东就提出了跨越式发展和自主创造发明的思路。改革开放以来，先后实行了"科技立国"战略、"科技兴国"战略、"自主创新"战略，现在又在实行"创新驱动发展"战略，经历了通过对外开放实行"拿来主义"方针，利用了"后发优势"，鼓励本国技术再创新（包括引进创新、模仿创新、集成创新等），提倡自主创新、原始创新，实现了科学技术的跨越式发展。中国已经成为世界发明专利申请第一大国、国际发明申请专利第三大国，从世界现代科学技术的追赶者成为创新者、并驾齐驱者，在某些方面正在成为引领者，并为21世纪世界重大科学发现、技术创新作出更大的贡献。

从"先富论"到"共同富裕论"。经济发展的不平衡性是客观存在的，既要利用不平衡性，又要解决不平衡性。改革开放以来，中国的发展可以分为三个阶段：一是"先富论"阶段（1978—2001年）。以邓小平同志在1978年12月中央工作会议上的报告提出"先富论"为标志，鼓励一部分地区和一部分人先富起来，以现代化"两步走"为核心目标，并如期实现了这一目标；二是转向"共富论"阶段（2002—2020年），或向共同富裕方向的过渡阶段。以党的十六大报告提出"2020 年全面建设惠及十几亿人口的小康社会"为标志，逐步消灭贫穷，进入"全面建设小康社会"时代，再到党的十八大进入"全面建成小康社会"时代；三是 2020 年之后全面迈向共同富裕阶段，即"逐步实现全体人民的共同富裕"阶段，可以简称进入"共富"时代。这是中国道路的基本方向，又是中国社会主义现代化的本质，将成为未来最重要的发展主题、最核心的发展目标和最大的发展任务。

对外开放，利用两种资源、两个市场。对外开放是我国社会主义经济建设的基本国策，建立开放型经济是我国经济体制改革的重要目标。从 1978 年之后，先后经历了从封闭到半开放，再到开放，加入世界贸易组织（WTO）之后全面开放；从采取优惠政策积极吸引外资，让世界投资中国，到鼓励中国企业"走出去"，实行"一带一路"战略，让中国投资世界；从建立外向型经济到建立开放型经济，再到建立开放型世界经济；从参与地区治理到参与全球治理，带头大力推动世界贸易自由化、投资自由化、服务便利化（特别是带头推动互惠签证）和互联互通，并在其中发挥越来越重要的作用。1978 年，中国货物进出口贸易总额居世界第 29 位；到 2013 年，中国取代美国从 1913 年以来世界第一大贸易体的地位，已成为世界 140 个国家和地区的第一大贸易伙伴，处在世界经济舞台的中心。一个与世界共命运、共成长、共繁荣的中国，其自身的定位是：世界经济增长的最大发动机、世界宏观经济的稳定器、世界贸易（货物和服务）的最大市场、世界创新的最大贡献者、世界经济治理改革的领导者。

因此，经济发展"必须是遵循经济规律的科学发展"。经历了六十多年成功与失败、顺利与挫折的不断试错的过程，我们对中国现代化与经济发展这个"自由王国"的改造，越来越符合中国基本国情与经济发展规律这个"必然王国"，至少缩小了两者之间的差距，不断减少失败的概率，大幅度提高成功的概率。

把握未来

认识中国经济规律可以使我们不但更好地了解过去，还可以更好地把握未来。习近平总书记 2015 年 10 月 18 日在访英前接受英国路透社采访时，再次引用历史学家汤因比关于"挑战—应战"是人类文明发展的重要动因的论点，强调中国经济发展进入新常态，正经历新旧动能转化的阵痛，但中国经济稳定发展的基本面没有改变。中国新型工业化、信息化、城镇化、农业现代化深入推进，国内市场需求强劲，经济发展具有巨大潜力、韧性、回旋余地，结构性改革正在深化，中国经济的前景十分光明。

中国经济发展已经进入了新常态，总体基本方向没有变，既有时（仍处于战略机遇期），又有势（处在全球上升通道上）；既有有利条件，也有不利条件；既有机遇，也有挑战；既有动力，也有压力。但是有利条件多于不利条件，机遇大于挑战，压力可以转化为动力。

从不利条件看，"十三五"时期各类矛盾凸显，这与中国超高发展速度、超大规模社会转型的特定背景有关。

经济下行压力加大。投资增长回落，国内有效消费需求不足，外需严重不足，存在着各种财政金融等风险，作为国民经济支柱产业的房地产市场调整带来极大的不确定性，作为世界最大的工业生产国又面临着许多产业产能过剩，化解产能过剩又会产生其他社会问题和社会压力，工业产品价格指数（PPI）持续下降，通缩预期上升，各类生产要素成本特别是劳动力成本持续快速上升，部分企业生产经营十分困难，企业融资成本过高，社会交易成本和物流成本居高不下，企业创新能力不足，侵权违约、假冒伪劣、排放污染等屡见不鲜。

社会矛盾凸显。随着中国经济总量的扩大，在发展进程中，利益格局正在发生深刻变化，各类人群正在发生深刻分化。城乡居民收入差距开始缩小，但与世界大部分国家相比差距仍然较大；各地区发展差距不断缩小，但仍然是世界上差异最大的国家；公共服务水平明显改善，但城乡之间、特大城市与中小城市之间仍有很大差距；老年人口已经超过两亿，社会保障实现全覆盖，但仍存在巨大的社会养老负担，还缺少必要的社会养老服务；总人口进入稳定低增长阶段，但面临着严重的少子化趋势，对未来时期的教育、劳动就业将会产生深远影响；十几亿人民群众对提高生活质量、加强和改善公共服务的巨大需求与有限供给形成基本矛盾，也形成巨大的公共财政压力。

人与自然矛盾凸显。随着我国人口规模、经济总量、贸易总量、能源消费总量已经达到前所未有的程度，无论是资源、能源、人口承载能力，还是生态环境的容量、质量都接近或达到极限，成为越来越大的强约束、越来越紧的紧约束，即使大量进口能源资源也很难缓解这一根本性、深层次矛盾，必须实行绿色发展、低碳发展、循环发展。

从有利条件看，中国经济总体向好的基本趋势没有变。

从经济发展阶段看，中国正在从上中等收入水平向高收入水平迈进，已经从中高人类发展水平向高人类发展水平迈进，从富裕型消费结构（恩格尔系数在30%—40%之间）向更富裕型（恩格尔系数低于30%）迈进（2015年全国居民家庭恩格尔系数为30.5%）；从经济发展速度看，中国仍处于经济起飞过程；从人口结构来看，人口红利达到高峰后开始下降；从增长动力来看，仍然是新型工业化、新型城镇化、信息化、农业现代化和基础设施现代化；从增长需求来看，消费需求将大于投资需求，投资需求又更多体现了有效投资和长期投资的需求；从增长来源看，要素投入特别是投资增长率有所下降，无论是技术创新、供给创新、市场创新，还是劳动力和人才培养竞争转移流动，都会使全要素生产率有所提高；从增长效率来看，经济体制改革都会有效地改进各类要素特别是土地、资源、资本等要素的更加有效配置；从增长效益来看，不仅促进了经济效益，还促进了社会效益、文化效益、生态效益的提高。

经济结构正在不断优化，发生质的变化。从生产结构变迁看，从工业主导的产业体系转向服务业主导的现代产业体系，推动服务业大发展作为产业结构优化升级的战略重点，继续提高服务业增加值占国内生产总值的比重；从需求结构变迁看，从投资为主、消费为辅转向消费为主、投资为辅，特别是不断提高居民消费率，国内市场总体规模居世界前列，使消费在推动经济发展中发挥基础作用；从就业结构变迁看，从农村劳动力为主转向城镇劳动力为主，继续提高服务业就业人数占全社会就业人数的比重，发展新兴产业、服务业、小微企业等就业密集型、技能密集型、信息密集型产业。

从工业化发展阶段看，我国已经进入工业化后期阶段。正在从传统工业化向新型工业化转变，从加速传统产业（劳动密集型、资源密集型、资本密集型）向加速高新技术和新兴战略型产业转变，大力发展智能制造、机器人制造、绿色制造、3D 制造、数字化制造等。中国已经成为世界最大的工业国、制造业国、制成品出口国，但还不是世界工业强国、制造业强国、中高端制成品出口国。此外，中国在那些资源密集、重化工业以及中低端产业方面，出现严重过剩。这就需要提出新的"中国制造 2025"规划，大体需要用三个十年左右的时间，完成从制造业大国向制造业强国的转变。

城镇化仍处于城镇化率 30%—70% 的快速发展区间，正在从土地城镇化向以人为核心的新型城镇化转变，从"一市两制"向"一市一制"转变。今后的城镇化，就是大量吸收农村劳动力转移就业，农村人口转移居住地，农民工和流动人口获得基本公共服务、社会保障。到 2020 年，全国常住人口城镇化率达到 60% 左右，户籍人口城镇化率达到 45% 左右，还有 1 亿左右农业转移人口和其他常住人口在城镇落户。

人与自然关系进入环境质量总体改善阶段，从环境承载能力达到或接近上限转向生态文明建设，进入生态盈余增长期、环境污染与治理相持期。经过"十一五""十二五"时期大规模的生态环境投资建设（仅环保行业总投资就达到 3.5 万亿元），"十三五"时期还会进一步加大投资（预计仅环保行业总投资达到 10 万亿元），主要污染物排放总量继续大幅度减少，同时大力改善大气环境、水环境、土壤环境质量，有效控制各类环境风险，基本形成主体功能区、生态安全屏障，并对世界生态安全作出重大贡献。

中国与世界的关系发生了根本性的变化。全面对外开放，在从"引进来"到"走出去"、从吸引外资"投资中国"到鼓励中资"投资世界"的过程中形成新的增长点，拓展了"一带一路"战略路线，获得了各种稀缺战略性资源，创造了"无限大"的发展空间，创新了中国独特的"共赢主义"（即和平发展、互利共赢）。全面参与全球治理，建立更加民主、公平和均衡的国际经济政治治理结构及机制，更加发挥全球领导者作用，有效及时提供全球公共产品，如全球宏观经济稳定，全球金融、能源、粮食食品、网络、生态安全等等。全面扩大中国国际影响力，提升政治经济的全球影响力，提高国际话语权和地区事务主导能力，增强国家对外软实力。全面贡献人类发展，这包括经济贡献、贸易贡献、创新贡献、绿色贡献和文化贡献。

（摘自《前线》2016 年 3 月 14 日）

中国仍是世界增长引擎

林毅夫

作者简介：林毅夫，经济学教授、博士生导师。全国政协常委、经济委员会副主任，中华全国工商业联合会专职副主席。北京大学国家发展研究院名誉院长。曾担任第七至第十届全国政协委员，第十一届人大代表。在国内外多个有关发展政策、农业、减贫的委员会、领导小组兼职。主要著作有《繁荣的求索：发展中经济如何崛起》《新结构经济学》《从西潮到东风：我在世行四年对重大国际经济问题的思考与建议》《解读中国经济》《本体与常无：经济学方法论对话》《经济发展与转型：思潮、战略与自生能力》《中国的奇迹》《制度、技术与中国农业发展》《再论制度、技术与中国农业发展》等20余部，并在国内外学术期刊发表论文100多篇。

经济放缓不足为怪

中国经济将要出现的崩盘，再一次成为全球媒体的热门观点。这一次之所以出现这样的预测，原因是中国经济在 2010 年后的持续减速，经济增长率从 2010 年超过 10% 降至 2014 年的 7.2%，2015年则进一步下滑到 6.9%，创下 25 年来的最低纪录。这是中国在1979 年向市场经济转型后第一次经历这么长时间的经济减速。

目前经济下行压力仍然巨大，这种减速通常被归因为中国内部结构性的问题，比如效率低下的国有企业、高债务杠杆、老龄化以及不可持续的投资拉动型增长模式。这样的问题解决起来并不容易。如此一来，中国经济的崩盘被认为不可避免。自 2015 年下半年以来，股市和外汇市场的震荡进一步强化了对于中国未来所持的悲观论调。这也成了最近的达沃斯会议和其他国际论坛的主导观点。

作为处于转型期的经济体，中国的确存在许多结构性问题。2013 年中共十八届三中全会作出的全面深化改革的决定就是为了解决这些问题。不过，经济在 2010 年后出现的减速，其实在很大程度上是由于外部及周期性的因素。

发展机遇依然巨大

中国政府的目标是，在 2016 年到 2020 年的"十三五"期间，经济每年保持在 6.5% 以上的适度高增长率，从而到 2020 年国内生产总值（GDP）和城乡居民人均收入比 2010 年翻一番。由于未来几年的外部需求可能会出现疲软，中国能否实现这一增长目标取决于国内需求形势，其中包括投资和消费，这两方面都存在良好的机遇。

首先，作为中等收入国家，中国有充足的机会实现工业产能升级。尽管钢铁、水泥、玻璃、铝、造船和其他工业领域出现严重产能过剩——虽然传统的劳动密集型加工工业因工资的不断上涨已失去了相对的优势——但他们都属于中低产业。中国在向中高产业转变的过程中有许多投资机遇，比如在特种钢材、精密机床、先进设备等领域。这样的投资会带来高经济回报。

其次，中国过去的基础设施投资主要是为了通过高速公路、高铁、机场和港口将一座城市与另一座城市连通。然而，像地铁和污水处理系统这样的城市内的基础设施却严重不足。投资这些领域可以降低交易成本。增加经济效率并产生较高的社会回报和经济回报。

第三，中国亟须投资环保领域。在经济快速增长过程中，中国遭遇了严重的环境污染问题。投资这一领域会带来高社会回报。

最后，城镇化。目前，中国约有55%的人口生活在城镇地区。高收入国家的城镇化水平通常超过80%。未来随着经济的发展和城镇化水平的提高，需要在住房、城市基础设施和其他公共服务领域进行投资。

在目前经济放缓之际，中国还有许多好的投资机会，这一点是中国作为发展中国家与发达国家之间的主要区别。如果发达国家的工业存在过剩产能，要找到好的新投资机会将非常困难。发达国家的基础设施建设和环境整体上是好的。城镇化已经完成。因此，在经济不景气的时候，不能简单地拿发达国家的经验来判断中国的增长潜力。这也是为什么中国领导人说，面对经济下行，中国运用政策的回旋余地比较大。

财政资金仍很充裕

除了好的投资机会，中国还有充裕的资金支持投资。

首先，中国中央和地方政府的公共债务总计不到GDP的60%。

在其他大多数发展中国家和发达国家，它们的政府债务已经超过了GDP 的 100%。

中国有充足的财政空间支持一些中意的基础设施投资。唯一的制约是地方政府从银行或者影子银行借短期债务来为过去的长期基础设施投资埋单，导致了期限上的不匹配问题。中国财政部最近通过允许地方政府发行长期基础设施债券置换它们的债务来解决这一问题。在必要情况下，中国政府可以采用另外一轮扩张性财政政策支持基础设施投资。

其次，中国的家庭储蓄占 GDP 的近 50%，属世界最高水平。政府可以利用积极地财政政策撬动私人投资，包括利用公私合作的方式建造基础设施。

再次，投资需要用外汇从国外进口技术、设备和原材料。中国拥有 3.3 万亿美元的外汇储备，是世界上最多的。

上面的条件解释了为什么中国不同于其他发展中国家。其他发展中国家也有许多好的投资机会，但当它们遭遇外部冲击或经济下行风险时，它们的投资经常受到财政实力不强、私人储蓄率低以及外汇储备不足的制约。中国没有这样的限制。

增长目标定可实现

在拥有上述有利条件的情况下，中国将能够维持相对较高的投资增长率，而这会带来就业机会，增加家庭收入，并将消费增长维持在相当高的水平。这些有利条件在"十三五"期间不会发生变化。即使外部条件没有改善，出口增长相对较弱，中国仍有能力依靠国内投资和消费增长实现至少 6.5% 的增长目标。

因为有能力达到增长目标，中国将继续充当世界经济增长的主要发动机，贡献全球每年增长的大约 30%。

（摘自参考消息网 2016 年 2 月 4 日）

全要素生产率是新常态经济增长动力

蔡昉

作者简介：蔡昉，中国社会科学院副院长、党组成员，中国社会科学院学部委员，第十二届全国人民代表大会常务委员会委员、农业与农村委员会委员。兼任国家"十三五"规划专家委员会委员，《劳动经济研究》主编。主要研究领域包括：农村经济理论与政策、劳动经济学、人口经济学、中国经济改革、经济增长、收入分配和贫困等。著有《破解中国经济发展之谜》《从人口红利到改革红利》等，主编《中国人口与劳动问题报告》系列专著。曾获张培刚发展经济学优秀成果奖、中国软科学奖、中国发展百人奖、中华人口奖、孙冶方经济科学奖和国家出版图书奖等。

党的十八届五中全会审议通过的《中共中央关于制定国民经济和社会发展第十三个五年规划的建议》（以下简称《建议》），把"创新发展"与"协调发展""绿色发展""开放发展""共享发展"一道，作为必须坚持的新的发展理念，以此引领"十三五"时期的发展行动。从我国经济发展新常态的特殊要求出发，从经济发展面临的不平衡、不协调和不可持续问题着眼，立足于实现经济增长动力转换，完成全面建成小康社会决胜阶段任务，坚持创新发展的一个重要实施抓手和衡量标准，就是努力提高全要素生产率及其对经济增长的贡献率。

越是在更高的经济发展阶段上，越是要靠全要素生产率的提高实现经济增长

作为我国经济发展进入新常态的一个重要表现——增长速度换挡，是经济发展和人口转变阶段变化的结果。2010 年，按人均国内生产总值（GDP）总量衡量，我国成为世界第二大经济体，根据世界银行分类和按人均 GDP 衡量，我国进入中等偏上收入国家的行列。同年，我国 15—59 岁劳动年龄人口总量达到峰值，随后开始减少，人口抚养比相应上升。这种阶段性变化意味着，长期支撑我国高速经济增长的传统动力逐渐式微，必然导致潜在增长率的下降，实际经济增长减速。

经济增长减速并不必然是坏事。从世界经济史来看，高速经济增长是特定发展阶段上的一种赶超现象。例如，2014 年在世界经济平均 2.5% 的增长率下，低收入国家达到 6.3%，中等偏下收入国家

5.8%，中等偏上收入国家 4.5%，而高收入国家只有 1.7%。这是因为，处在较低发展阶段的国家，由于存在技术和生产率的差距，经济增长具有后发优势，可以主要依靠资本、土地和劳动力的投入实现；而对处在更高经济发展阶段上的国家来说，经济增长则必须靠全要素生产率的提高。认识我国经济发展的新常态，就是要认识到依靠传统增长动力，必然要面临减速的挑战，适应和引领新常态则是要探寻新的增长动力，核心是提高全要素生产率及其对经济增长的贡献份额。

全要素生产率，是指在各种生产要素的投入水平既定的条件下，所达到的额外生产效率。比如，一个企业也好，一个国家也好，如果资本、劳动力和其他生产要素投入的增长率分别都是 5%，如果没有生产率的进步，正常情况下产出或 GDP 增长也应该是 5%。如果显示出的产出或 GDP 增长大于 5%，譬如说是 8%，这多出来的 3 个百分点，在统计学意义上表现为一个"残差"，在经济学意义上就是全要素生产率对产出或经济增长的贡献。

提高全要素生产率通常有两种途径，一是通过技术进步实现生产效率的提高，一是通过生产要素的重新组合实现配置效率的提高，主要表现为在生产要素投入之外，通过技术进步、体制优化、组织管理改善等无形要素推动经济增长的作用。从微观层面上讲，企业采用了新技术、新工艺，开拓了新市场，开发了新产品，改善了管理，体制改革激发了人的积极性，都可以提高全要素生产率。从宏观层面上讲，通过资源重新配置，比如，劳动力从生产率较低的农业部门转向生产率较高的非农部门，就可以提高全要素生产率。

可以说，越是在更高的经济发展阶段上，越是要靠全要素生产率的提高实现经济增长。大量经济学文献显示，全要素生产率表现如何，既可以解释可持续经济增长与经济停滞的反差，也被证明是许多国家陷入中等收入陷阱的主要原因。在我国当前所处的发展时期，准确认识、把握、适应和引领新常态，重中之重是寻求经济增长新动力，实现创新发展。一方面，这个增长新动力主要来自于全要素生产率；另一方面，全要素生产率是一个衡量创新绩效的重要指标。

创新是否成功，最终要以能否提高全要素生产率及其对经济增长的贡献为衡量标准

增长动力转换的核心是从投入驱动的经济增长转向创新驱动的经济增长，使创新真正成为引领经济发展的第一动力。广义理解创新驱动，可以包括两个方面——科技创新和体制创新。而这两种创新是否成功，是否可以转化为新的增长动力，最终都是要以能否提高全要素生产率及其对经济增长的贡献为衡量标准。

根据我们所做的经济计量分析，在 1982—2009 年期间，在 10% 左右的年平均 GDP 增长率中，资本积累扩大的贡献率为 7.1 个百分点，劳动力数量增长的贡献率为 0.8 个百分点，劳动者教育水平提高（即人力资本）的贡献率为 0.4 个百分点，人口抚养比下降的贡献率为 0.7 个百分点，全要素生产率的贡献率为 1.0 个百分点。而在全要素生产率的提高中，接近一半的贡献来自于劳动力从农业转移到非农产业带来的资源重新配置效率。从以往这种经济增长源泉的构成看，随着经济发展阶段和人口转变阶段发生根本性变化，推动高速经济增长的动力结构也将变化，传统部分对增长的驱动力必然减弱。

随着在中等偏上收入阶段我国人口红利开始消失，储蓄率和资本报酬率的下降成为不可避免的趋势，其对经济增长的贡献不再能保持原有的水平；劳动力数量逐渐变为负增长，而人口抚养比则已经跨过了从下降到提高的转折点，因此，这两个变量对经济增长的贡献也将转正为负。经济史给我们的启示是，人力资本和全要素生产率是长期可持续的增长动力，只有显著提高这两个变量对经济增长的贡献份额，我国经济才能保持必要合理的中高速增长。

　　人力资本与全要素生产率相互补充和配合，既是创新驱动的源泉也是创新驱动的归宿。在资本积累、劳动力数量和人口抚养比对经济增长贡献逐渐减弱的情况下，如果人力资本和全要素生产率的贡献不变，经济增长速度就会降下来。根据估算，GDP 的年度潜在增长率，从过去三十余年的 10% 左右，下降到"十二五"时期的平均 7.6%，预计"十三五"时期将进一步下降到 6.2%。然而，这个估算的潜在增长率并不是我国经济增长的宿命。在传统经济增长动力难以为继的情况下，如果通过体制创新完善制度环境，一方面可以挖掘劳动力供给潜力，促进资源重新配置，延长传统的人口红利；另一方面可以加快技术创新速度，赢得新的增长动力。

　　无论是延长传统动力的机会窗口，还是挖掘新的增长动力，都意味着全要素生产率要显著提高。我们进行的模拟分析表明，如果在"十三五"期间全要素生产率的年平均增长率可以提高 1 个百分点，就可以提高年平均潜在增长率 0.99 个百分点。换句话说，全要素生产率的提高，几乎可以不打折扣地转化为经济增长速度。然而，提高全要素生产率却不是一件容易的事情，不可回避地要经历艰难困苦的转方式和调结构过程。

转方式和调结构是提高全要素生产率的必由之路

　　经济发展新常态下全要素生产率的提高，不可能在和风细雨中实现，而需要经历经济发展方式转变和产业结构调整的阵痛。在存在大量农业剩余劳动力的情况下，劳动力向生产率更高的非农产业转移，可以像摘取低垂的果子一样，立竿见影地获得资源重新配置效率。但是，随着农村人口年龄结构的变化和劳动力大规模转移出来，劳动力转移速度将明显放慢。

　　从人口数据看，无论按照常住人口的口径还是按照户籍人口的口径，作为外出打工主体的农村 16—19 岁的青年人口，都已经于 2014 年达到峰值，今后总量将绝对减少。与此同时，年龄在 40—45

岁的农民工数量也开始减少，这是因为他们没有在城市居住生活工作的长期预期，在这个年龄阶段就开始退出城市劳动力市场。相应地，在政策环境不变的情况下，农民工外出的净增长速度也必然减慢。实际上，这个趋势已经显现。例如，在 2005—2010 年期间，外出农民工年平均增长率为 4%，2014 年下降到 1.3%，而 2015 年上半年仅为 0.1%。

因此，未来全要素生产率的提高主要将来自改革红利，而改革红利则直接体现在发展方式转变和结构调整的效果上。具体来说，旨在保持可持续中高速增长的经济体制改革，归根结底要通过延长人口红利以及寻找新的增长动力，提高全要素生产率。市场和政府在其中都具有不可或缺的作用。

首先，《建议》明确要求"户籍人口城镇化率加快提高"，为户籍制度改革以倒排的方式设定了时间表，用有针对性的指标规定了路线图，必将产生明显的改革推进效果，创造有利于潜在增长率提高的改革红利。通过清除一系列与户籍制度相关的体制障碍，可以进一步疏通劳动力向非农产业的转移，稳定城镇化速度，获取资源重新配置效率，提高潜在增长率。由于户籍制度和基本公共服务的不均等，农民工就业是不稳定的。当人口结构变化到这样的阶段，潜在的外出农村人口不足以补偿回流的农民工时，劳动力短缺现象将进一步加重，还会造成生产要素的逆向配置，进一步降低全要素生产率的提高速度，形成所谓逆库兹涅茨现象。只有户籍制度改革的实质性推进，才能阻止农民工的倒流，避免出现逆库兹涅茨现象。

其次，在推动全要素生产率提高的过程中，企业的微观经济活动是创新的中心，政府的作用是在宏观层面创造良好的激励机制和政策环境。《建议》正是从这两个方面，指出了提高全要素生产率不容回避的路径，即一方面，优化劳动力、资本、土地、技术、管理等要素的配置，激发创新创业活力；另一方面，要做到这一点，必须更加注重运用市场机制和经济手段化解产能过剩，完善企业退出机制。这就要求创造一个充分竞争的市场环境，形成一个能者进、庸者退、劣者汰的"创造性破坏"机制，实现生产要素向效率更高的产业、行业和企业集中。

最后，全要素生产率应该以适当的形式成为引导创新发展的指标。新的发展理念要转化为相应的发展实践，应在具体的规划中形成对应的指标，或许不必直接用于考核，但作为一种宏观激励信号，有助于引导政府、社会、企业了解什么是全要素生产率，如何才能提高全要素生产率，各自在其中应该扮演什么样的角色。例如，新加坡政府认识到全要素生产率对于经济增长可持续性的重要性，于20世纪90年代把全要素生产率每年提高2%设定为国家目标，从此创新能力和竞争力不断提高。

（摘自《北京日报》2015年11月23日）

"十三五"时期需要什么样的供给侧改革

李稻葵

作者简介：李稻葵，清华大学经济管理学院弗里曼经济学讲席教授。原央行货币政策委员会委员，十一届全国政协委员，清华大学金融系主任，中国与世界经济研究中心（CCWE）主任。

最近一段时期以来，供给侧改革多次被国家决策层提起。那么，什么是供给侧改革？中国经济为什么需要供给侧改革？"十三五"期间供给侧改革最有可能的几个发力点在何处？显然，这些问题值得仔细分析。

什么是供给侧改革

供给侧改革是针对需求管理提出的宏观经济学的政策概念，产生于20世纪80年代初，在西方发达国家经历了二战后几十年的凯恩斯主义的宏观经济政策之后。

供给侧管理的概念批判了凯恩斯主义所提倡的总需求管理。凯恩斯主义的主张非常简单，就是通过政府扩大财政赤字的方法扩大财政支出，刺激经济中的消费和投资，也就是想方设法增加对企业产出的需求。这种凯恩斯主义的主张通常被称为总需求管理。所以有人并不夸张地讲，整个宏观经济学的起源是凯恩斯主义，就是总需求的管理。因为在凯恩斯主义提出之前，经济学的基本理念是供给和需求是相匹配的，市场是自动均衡的，因此宏观只是微观的加总，没有必要专门研究宏观经济学。而凯恩斯认为，从单个企业来看极为理性的决策上升到整体经济层面却往往不合理，从整体层面上看，市场会出现产能过剩、需求不足的格局，因此有必要专门研究宏观经济学，而政府的一项重要政策和发力点就是想方设法解决有效需求不足的问题。

供给学派兴起于20世纪80年代的英美，其出发点是彻底批判凯恩斯主义。在经济学研究领域，供给学派是从理性预期学派开始的。他们认为，包括企业和消费者在内的微观经济体，会对政府的各种宏观政策作出理性的预期，并采取对冲措施，最终使得政府的总需求管理政策化为无效。这一论据最巧妙的构思，是哈佛大学罗伯特·巴罗教授所反复论述的"李嘉图等价"。那就是，当政府试图通过减税刺激家庭消费时，家庭的决策者会理性地判断这种措施会带来财政赤字，而财政赤字将会在自己未来的经济生涯中被政府的加税行为所弥补，或者由自己的子孙付出更多的税费来弥补。因为羊毛出在羊身上，因此，消费者会更加理性地减少今天的消费而增加储蓄，为政府未来加税提前做好准备。

在经济政策层面，英国的撒切尔夫人、美国的里根总统在竞选中启用了一大批保守经济学家，其中包括哈佛大学的马丁·菲尔斯坦教授以及当时从斯坦福大学博士毕业不久的年轻经济学家拉弗。他们极力主张政府应该减轻对市场的干预，且为企业松绑、减少税收，以增加有效供给，而经济由此自然会变得更加活跃。

当时，拉弗为了给那些不谙经济学理论的媒体记者解释自己的经济学思想，在一家餐厅的餐巾纸上随意画出了一条倒U形曲线。这条曲线说的是，当税率很低时，适当地提高税率会提高总税收；而当税负已经很高时，提高税率反而会导致偷税漏税，最终政府的总税收会下降，这就是著名的拉弗曲线。拉弗本人后来也成为里根总统经济政策顾问委员会委员。

综上所述，起源于英美的供给侧管理指的是设法降低企业税负，帮助企业更高效率地运行，使投资者更有效地进入各种投资领域，减少生产领域的交易成本，以此提高总体经济效率和活力的一系列经济政策。

笔者在2008年就提出"滞胀风险呼唤以改革为核心的新供给学派"。这一文章的核心观点是，在2008年整体经济受到冲击的情况下，政府应该采取各种措施提升企业效率，来应对即将爆发的金融危机。七年之后重读该文，笔者仍然坚持其中观点，那就是中国经济仍然需要供给侧的改革，也就是需要中国特色的供给学派。

为什么中国经济需要供给侧改革

其中根本的原因是：中国经济当前的核心问题仍然是发展问题，而并不是短期的宏观调控问题。为什么这样讲？因为中国经济从整体上讲仍然有巨大的发展潜力，中国人均 GDP 仅为发达经济体美国的 20%，中国存在着大量没有得到满足的基本需求，有大面积的经济不发达地区。以中部省份安徽和江西为例，这两省紧邻经济发达的江苏、浙江和福建，但人均 GDP 还不足这些发达地区的一半。而中国经济作为大国经济，不应该出现实质性的资本和劳动力要素跨省流动的困难，因此，安徽、江西等省份应该有巨大的增长潜力。

反观经济发达地区，它们与发达国家的差距仍然很大。以广东为例，部分地区已经实现从生产鞋帽到生产无人机、高铁零部件等产业升级的飞跃，其潜力也是巨大的。因此，当前，尤其是"十三五"期间，中国经济的根本任务是想方设法提升供给量。

我们也可以换一个角度来谈这个问题。虽然中国经济存在过剩产能的问题，但更根本的问题是，我们的生产侧由于各种各样的原因未能供给百姓需要的很多产品。这种例子比比皆是，比如说，中国每年有 1 亿人次出国旅游，每人在海外的平均购物金额是 5000 美元，很多人到邻国去抢购中国本可以生产的产品，这就证明很多消费者的需求没有得到国内供给的满足。比如说，中国的养老需求十分巨大，但目前缺乏高质量的、值得信赖的养老机构；中国消费者对于健康食品的需求也是巨大的，这就导致二胎政策刚刚放开，消费者已经在海外疯狂购买奶粉。再比如说，中国百姓当前对于公共交通和环境治理的需求达到了一个新的水平，但是由于各种政策的缺位，主要城市的公共交通仍然非常拥挤，北京的地铁一号线目前在高峰时期拥挤不堪，乘客往往需要等待 2—3 班车才能挤上地铁。

凡此种种都表明，中国经济当前仍然面临着一个潜在的供给短缺的局面，虽然公开的短缺已经不存在了。这需要我们在供给侧下功夫，需要一批企业能够尽快地进入相关领域，为社会提供相关的产品。

中国需要什么样的供给侧改革

中国需要什么样的供给侧改革？"十三五"期间供给侧改革的任务可谓相当繁重，这也是经济增长的潜力所在。从大的方向来讲，需要进行三类供给侧改革。

第一类，加快生产侧的新陈代谢，淘汰落后产能，促进新产能的进入。以钢铁行业为例，这一行业虽然有十万亿的生产能力，产能严重过剩，但我们的产能却大多是低端的、黑色的、污染的。亟须政府采取积极措施包括补贴政策，加快淘汰一批高污染、高能耗的产能，尤其是北京附近的一些产能，东北包括鞍山一带的部分产能也应该逐步淘汰。

通过淘汰这部分产能，将使得钢铁的价格有所回升；此后，政府通过一定的鼓励政策，可以使沿海地区建立一批现代化的、主要依靠从国外进口铁矿石和煤的新型钢铁产能。当前，国际市场的煤和铁矿石价格往往比国内低得多，如果能够更好地利用国际市场，钢铁行业的利润也可大幅提升。将钢铁等重化工业布局在沿海一带，也能够更好地实施一带一路发展战略，当未来印度等国家经济起飞之时，由于其基础设施建设和工业化能力远远不足，我们这些现代化钢铁厂正好可以把大量的产品销售到这些地区。如此，中国一大批城市将重现蓝天白云，因为城市空气最大的污染源就是周边的重化工业；同时，关闭一大批事故频发的煤矿和铁矿。

为什么要关闭一批煤矿和铁矿？这是因为中国经济经过了30多年的高速发展，劳动力成本已经不断上升，社会对劳动者的尊重和对生命的珍惜程度日益提高，而国内的矿山往往生产成本极高、需要付出极大的劳动力代价。中国的经济结构调整本身也要求我们的矿业进行调整。

第二类供给侧改革的发力点是,想方设法为百姓提供一大批到目前为止尚且短缺的基本产品和服务,这其中一大部分是公共产品。比如,公共交通和城市的基本设施服务现在仍然不足,即便是建成的地铁、地下设施也远远不能满足百姓的基本需要。在这方面,政府必须担当起不可推卸的责任。公共产品主要靠政府提供,这一点必须高度明确。笔者在不同的场合反复呼吁,应该通过降低融资成本的方式来为这些公共产品的提供创造条件。具体说来,应该在中国建立若干个公共基础设施投资基金,其功能类似于世界银行,一方面由政府担保发行相关的债券,另一方面基于社会效益精心选择公共产品。中国政府担保的主权债务目前在国际上极受欢迎,这也是人民币国际化最重要的战略举措之一。

在养老、教育、医疗卫生等方面,社会需求日益高涨,政府也应该想方设法放宽准入,提供相应的优惠条件,帮助潜在投资者尽快进入这些领域。同时,近期物业管理也成为一批新兴企业重要的投资方向。相关的投资不仅能够带来新的增长点,也能切实带来百姓生活质量的提高。

第三类供给侧改革的发力点是,一定要想方设法利用好新型技术,尤其是互联网技术,由此改善相关产业的业态。互联网带来的不仅是新技术,更重要的是一种新的生产关系。在互联网领域,通过让交易双方直接对接,能够带动参与者的迅速增加甚至指数型上涨。以城市出行为例,有了互联网工具,交易双方能够很快达成协议,乘客也可以很方便地获知司机过去有没有出现过投诉事件、是否安全等信息,而不需要出租车公司等机构设立投诉机制。这种互联网机制实际上形成了一个巨大的类似"人民战争"的网络,使得传统上难以改变的旧管理模式受到前所未有的冲击。政府应该支持这种新的互联网技术,以此为推动力来改造相关领域。出租车行业如果能够改善，就能够带来更多的就业、为百姓出行带来更多的便利，促进经济的发展。与此类似的是互联网金融和其他互联网服务领域，政府应该抱持试验和开放的心态加以引导，帮助市场逐步形成和完善。

　　总之，加快供给侧的改革，"十三五"期间中国经济将出现一批新增长点，中高速经济增长将重返中国。

（摘自中国改革论坛网 2015 年 12 月 3 日）

"十三五"时期如何适应把握引领新常态

王一鸣

作者简介:王一鸣,国务院发展研究中心副主任,中国社会科学院博士生导师,中国人民大学兼职教授,中国宏观经济学会理事、中国区域经济学会常务理事。主要研究领域为宏观经济和区域经济,主要著作有:《建立比较完善的社会主义市场经济体制若干重大问题研究》《"十五"计划时期中国经济和社会发展的若干重大问题研究》《知识经济与中国经济发展》《中国区域经济政策研究》等。

　　"十三五"规划是我国经济发展进入新常态后的第一个五年规划，因此，"十三五"规划的制订必须回答这样一个问题："十三五"时期，我国应该如何适应、把握、引领新常态。回答这一问题，首先需要充分认识新常态会带来哪些新的变化，进而在清晰地把握好未来五年甚至更长一个时期宏观环境和发展背景的基础上，有针对性地加大结构调整和动力转换力度，积极培育经济发展新动力。

充分认识新常态带来的新变化

　　我国的经济发展进入新常态，最直观的变化就是经济增速进入换挡期，即由过去的高速增长转到当前的中高速增长。一个时期以来，中国经济经历了一个较长时期的下行周期，经济增速在波动中放缓，2015 年第三季度已经回落至 6.9%。这是周期性因素和结构性因素相互叠加、共同作用的结果，其中，结构性因素占据主导地位。经济增速放缓，表面上是需求不足，实际上是供给结构不适应市场需求的变化：一方面，已有的供给因为供大于求出现了过剩；另一方面，部分需求缺乏相应的供给难以被满足。进入新常态，一系列重大的、阶段性的变化集中显现，这既表现在需求侧，也表现在供给侧。

　　从需求侧来看，2013 年我国城镇户均达到 1 套房，2014 年每千人拥有汽车超过 100 辆。按照国际经验，进入这样一个阶段之后，房地产和汽车市场的需求都将发生明显变化。从我国的具体情况看，房地产投资在 2000 年至 2013 年年均增长 24%，2015 年前三个季度已下降到 2.6%；汽车产量过去十年年均增长 17.9%，2015 年前三个季度却下降到 0.9%。不仅如此，随着房地产需求和汽车市场需求的下降，钢铁、水泥、玻璃、轮胎、电子、家电、家装等关联行业的市场需求也在下降。

从供给侧来看，2012 年以后，我国 16 岁至 59 岁劳动年龄人口减少了 820 万人，随着劳动力成本快速上升、资源供需形势发生变化、生态环境硬约束不断强化，以往那种依靠生产要素大规模、高强度投入实现经济增长的条件已经不复存在。与此同时，过去一个时期制造业迅猛扩张而形成的巨大产能，在国内外市场需求发生变化的情况下，当前面临较为严重的过剩局面，特别是钢铁、煤炭、石化、有色、建材等传统行业，产能过剩更为严重，利润水平大幅回落，有的行业甚至出现全行业亏损。

由此可见，新常态更具本质的变化特征还是结构调整和动力转换。在需求侧已发生明显变化的情况下，如果仍然一味地扩大投资和产出规模，虽然短期内对经济增长也能起到一定的作用，但随着投资的边际效用逐步递减，其结果，不仅会使产能过剩的矛盾进一步加剧，对经济增长的拉动作用也会明显减弱，进而还会错失结构调整的机会。因此，新常态下，面对经济下行暴露出来的矛盾和问题，必须加大供给侧的结构调整力度，加快化解过剩产能和资产重组，增强市场配置资源的功能，激发市场主体的内生活力和动力。需要强调的是，在市场需求已发生明显变化的情况下，不主动调整也会被动调整，而被动调整付出的成本会更大。

加大结构调整和动力转换力度

"十三五"时期是我国结构调整和动力转换的重要窗口期。过去一个时期的经济下行压力，固然带来了一系列严峻挑战，但也是结构调整和动力转换的重要机遇。因此，"十三五"时期要充分用好经济下行形成的倒逼机制，把握好窗口期的宝贵机会，下决心推进结构调整和动力转换。

结构调整的重要环节是有效出清过剩产能。过剩产能特别是"僵尸企业"造成资源沉淀，影响要素流动和资源再配置，还会延误结构调整的时机，使潜在风险不断积累。可以说，近一个时期规模以上工业企业盈利状况持续恶化、工业品出厂价持续回落，与产能过剩是分不开的。2015年前三季度，规模以上工业企业利润总额同比下降1.7%，到2015年9月份工业品出厂价连续43个月负增长，表明产能过剩已经到了相当严重的程度。只有下决心出清过剩产能，促进资源优化再配置，结构调整才能有效推进。因此，"十三五"时期要下决心推进供给侧结构调整，更加注重运用市场机制、经济手段、法治办法化解产能过剩，完善企业退出机制，推进结构调整取得实质性进展。

动力转换要把握好新旧动力的相互关系。新旧动力并存是今后一个时期的基本特征。旧的动力如钢铁、煤炭、石化、有色、建材等产业板块体量较大，虽然高速扩张期已经过去，但在相当长时期内对经济增长仍具有重要支撑作用，短期内也难以找到体量相当、带动力相近的新兴产业板块来替代。今后要通过技术改造和产业重组，让旧动力焕发青春。与此同时，要着力培育新的动力，培育一批战略性产业，逐步替代传统动力。

无论是结构调整，还是动力转换，都要着力提高要素生产率。在生产要素供需形势发生趋势性变化、企业综合生产成本普遍提高的情况下，迫切要求从提高要素生产率中挖掘新动力。只有提高劳动生产率，提高投资回报率，提高全要素生产率，才能有效对冲要素供需形势的变化，降低企业生产成本。要营造良好的市场环境，激发企业家和全社会创新潜能和活力，发挥创新在结构调整和动力转换中的积极作用，真正使创新成为引领发展的第一动力。

积极培育经济发展新动力

"十三五"时期，培育经济发展新动力，需要从多个方面展开。

　　第一，增强创新驱动发展动力。创新是提高要素生产率，提升产业价值链和产品附加值的关键。一是要推动"大众创业、万众创新"。当前和今后一个时期，我国处在产业转型升级、经济提质增效的关键时期，"大众创业、万众创新"是培育和催生未来产业、激发全社会创新潜能和活力的根本途径。二是实施一批国家重大科技项目。以2030年为时间节点，在航空发动机、量子通信、智能制造和机器人、深空深海探测、重点新材料、脑科学、健康保障等领域再部署一批体现国家战略意图的重大科技项目。在重大创新领域组建一批国家实验室。三是强化企业创新主体地位。形成一批有国际竞争力的创新型领军企业。鼓励企业开展基础性前沿性创新研究，重视颠覆性技术创新。支持科技型中小企业健康发展。四是激发企业家精神。创新的主体是企业家，企业家最核心的功能是创新，政府的主要职责是建设科研基础设施，加强知识产权保护，制定产业标准和商业规则，维护市场秩序，减轻企业家创新风险。五是构建有利于创新发展的体制。营造激励创新的公平竞争环境，实行严格的知识产权保护制度，强化金融支持创新的功能，完善成果转化激励机制，创新用好培养和吸引人才的机制。

　　第二，推进产业迈向中高端水平。过去一个时期，产业发展的基本模式是"铺摊子"，主要是扩大产能和规模。随着市场需求变化和产能过剩压力增大，产业发展需要从"铺摊子"为主转向"上台阶"为主，核心是提升产业价值链、产品附加值。一是加快建设制造强国。引导制造业朝着分工细化、协作紧密方向发展，促进信息技术向市场、设计、生产等环节渗透，推动生产方式向柔性、智能、精细转变。二是实施工业强基工程。支持企业瞄准国际同行业标杆推进技术改造，全面提高产品技术、工艺装备、能效环保等水平。三是支持新兴产业发展。更好发挥国家产业投资引导基金作用，培育一批战略性产业。四是实施智能制造工程。构建新型制造体系，促进新一代信息通信技术、高档数控机床和机器人、航空航天装备、海洋工程装备及高技术船舶、先进轨道交通装备、节能与新能源汽车、电力装备、农机装备、新材料、生物医药及高性能医疗器械等产业进入国际前沿水平。五是推动生产性服务业向专业化和价值链高端延伸，推动制造业由生产型向生产服务型转变。

第三，推进以人为核心的城镇化。城镇化是最大内需所在。2014年，我国按常住人口计算的城镇化率仅为54.77%，相比较于发达国家还有很大空间，特别是已经进城的两亿五千万农业转移人口，如果能够实现市民化，消费倾向和消费结构将发生深刻变化，购买能力和对工业品的需求将大幅提升，就会释放出巨大的消费需求。城镇化发展还将创造高铁、地铁、机场、地下管网、污水处理等基础设施，以及市政设施和住宅等巨大的投资需求。"十三五"时期推进以人为核心的城镇化，一是要提高户籍人口城镇化率。深化户籍制度改革，促进有能力在城镇稳定就业和生活的农业转移人口举家进城落户，并与城镇居民有同等权利和义务，加快落实中央确定的使1亿左右农民工和其他常住人口在城镇定居落户的目标。二是创造良好的制度环境。继续推进户籍制度、土地制度等改革，全面实行身份证制度，改革征地制度，健全农村土地确权、登记、颁证制度，建立农村土地交易市场，严格农村土地用途管制，建立城乡统一的建设用地市场。三要深化住房制度改革。更多采取"补人头"方式，有效消化现有的存量房地产。

第四，推进企业"走出去"构建全球化生产运营体系。支持企业扩大对外投资，推动装备、技术、标准、服务走出去，深度融入全球产业链、价值链、物流链。一方面要推进"一带一路"建设，推进同有关国家和地区多领域互利共赢的务实合作，打造陆海内外联动、东西双向开放的全面开放新格局；另一方面要推进国际产能和装备制造合作，支持钢铁、有色、石化、建材等原材料生产企业到海外建立生产基地，逐步将直接进口资源转变为进口原材料。拓展高铁、核电、特高压电网、通信、航空等大型成套设备的国际市场空间。

综上所述，创新是走向未来引领发展的第一动力，要以创新推进产业迈向中高端水平，推进以人为核心的城镇化，推进企业"走出去"构建全球化生产运营体系。要通过创新引领结构调整和动力转换，赢得主动，赢得优势，赢得未来。

（摘自《光明日报》2015 年 12 月 19 日）

下一步经济增长与国企改革

张文魁

作者简介：张文魁，国务院发展研究中心企业研究所副所长、研究员。

下一步的中国经济增长，不但在我国国内，也在全球范围内，引起了高度关注和热烈讨论。我国政府用"新常态"来概括经济增速下滑态势和提质量调结构的压力，一些国际机构用"加快结构性改革"来提示中国经济面临的风险，而劳伦斯·萨莫斯等很具影响力的经济学家则用"回归全球均值"来说明长期高增长的不现实性。

不过，中国仍然是一个发展水平不高、发展很不平衡的大国，我国的综合国力和国民富裕程度与发达国家仍然有很大差距，因此较高的经济增速至少在未来五年到十年仍然十分重要，特别是如果能在克服粗劣的增长方式和丑陋的增长后遗症的情况下。

找回中国增长"失去的环节"

有太多的经济学家分析过和谈论过下一阶段中国经济的潜在增长率问题。从标准的宏观经济学角度来看，无非是人口红利的消失、资本投入速度的衰减、生产率提升难度的加大，等等，都有相应的研究成果，本文不想赘述。但宏观分析框架的精密性背后所存在的缺陷，往往被严重地忽视了，这不但可能导致经济增长分析与实际情况的不吻合，更可能导致经济增长研究的政策涵义不得要领或者偏离实际工作者的经验和直觉。这个缺陷就是：标准宏观框架下的经济增长模型，不能将微观经济主体的活动直接纳入其中，而人们都知道，宏观经济增长的基础是微观经济主体。

经济增长研究所关注的劳动、资本、生产率，乃至研发创新、人力资本、知识资本，等等，这一切是自动生成和自动发生的吗？不是！这一切都由微观经济主体——企业，来生成和发生。如果没有企业的活动，劳动、资本等要素以及研发创新、知识创造等创造性因素，又如何能够进入到经济过程中去，然后造成经济增长并继续内生延展下去？可惜这些简单而又非常要紧的道理被标准的宏观经济框架抽离掉了，在很长时间里，国际上只有威廉姆·鲍莫尔等少数优秀的经济学家试图克服这一缺陷，他们批评道，经济增长研究中存在一个"失去的环节"，并呼吁找回这个"失去的环节"。

分析中国经济的下一步增长，更需要找回这个"失去的环节"，因为这个环节包含着一个与众不同的国企群体。如果无视这个国企群体的存在，如果忽视国有部门与非国有部门的不同，就不能找到提振经济增速的完整解决方案。事实上，一些研究已经发现，即使在那些不存在庞大国有部门的国家，特别是在一些市场不均衡的发展中国家，如印度，这个"失去的环节"也隐藏着许多拖累经济增长的疾患，譬如非外向型部门的企业效率低下并乐于寻租。这些将"失去的环节"连接到宏观框架的研究，尽管看起来并没有什么全新的分析方法，仍然是基于生产函数和生产率的研究，但这样的研究路径的确非常有助于加深我们对企业特性与经济增长之间关系的认识。近段时间以来，我国政府大力提倡"大众创业、万众创新"，通过简政放权、改税限费等方式为企业的创立和创新清除了更多的障碍，正是朝着找回"失去的环节"而迈出了正确的一步，如果还能大力推进对国企群体的改革，就可以在找回"失去的环节"的道路上迈出更多的步伐。

国有企业改革停滞体制增长

中国的国有企业与经济增长之间的关系，尽管许多人都能感觉到，但如果不进行深入研究，并不容易说清楚。一方面，近两年经济下行压力较大，我们看到国企被政府要求"保增长"，国资委还专门设立了保增长领导小组之类的机构并向国企下达有关任务、指标，看起来国企对于提振经济增速有正面作用；而另一方面，我们也可以看到，国企比重较大的区域，如东北地区，经济增速在宏观周期的收缩阶段下滑更厉害。因此，应该超越单纯的现象观察，努力揭示中国国有企业与经济增长之间可信的逻辑联系，并建立可算的数量关系，这样才有意义。

笔者在这方面进行了一些尝试性的研究。研究表明，在改革开放以来向市场经济转轨的过程中，更大的非国有经济比重与更好的宏观经济表现有着较强的相关性，非国有经济比重的提高，可以使资本得到更加充分和有效的利用，从而可以更加有力地增加资本存量和促进经济增长；可以显著地促进出口和吸引外资，提高区域经济的外向度和经济全球化程度；可以增强对物价上涨的消化能力，有助于抑制通胀，有利于宏观经济的平稳运行。研究结果显示，改革步伐停滞的国有企业，在新阶段的中国经济中起着增长抑制作用，构成了对下一步经济增长的拖累；坚持推进国企改革，对于提振经济增速具有重要作用。

为了获得量化的研究结果，我们确定了经济增长的基准情景，并设定了三种进度的改革情景：第一种情景是缓慢的改革，每年只对代表 5% 国有部门产出的国企进行改革，即将这些企业改造为非国有控股的混合所有制企业，连续进行十年；第二种情景是稳健的改革，每年对代表国有部门产出 10% 的国企进行同样的改革并持续同样时间；第三种情形是积极的改革，即每年对代表国有部门产出 20% 的国企进行同样的改革并持续同样时间。

通过可计算一般均衡模型（CGE）的模拟，结果显示，在下一个十年里，缓慢的国企改革可使经济增速平均每年提高 0.33 个百分点，稳健的国企改革可使经济增速平均每年提高 0.47 个百分点，积极的国企改革可使经济增速平均每年提高 0.50 个百分点。特别是在最初几年里，每种情景的国企改革对经济增长的促进作用都比较显著，在前六年里，三种改革情景下经济增速平均每年将分别提高 0.45 个、0.73 个和 0.93 个百分点。

　　哪怕只实行稳健的国企改革，但只要坚持不懈，对经济增速的提振也是明显的，平均每年提高 0.5 个百分点左右的增速，这对于当前已经掉到 7% 上下且不易稳住的经济增长来说，绝对不是一个可有可无的贡献。

　　需要承认，推进国企改革，尽管可以通过模型计算其给经济增长带来的数量影响，但模型有模型的缺陷，这是毋庸讳言的。模型并不能包含所有重要的因素，更不可能将所有这些重要因素之间的关系进行准确的函数化，而且一些参数的设定以及样本的处理涉及人为判断或技术疏漏。即使是对基准情景的分析，模型也不可能考虑到一些政府官员对反腐败、正风气所作出的懒政反应，对国企改革情景的分析，更不可能预料各种群体对改革举措所作出的复杂反应。但是，通过数量关系与逻辑联系的相互印证，通过它们与大多数经验观察的相互印证，以及通过一些补充性的分析，可以使研究更丰满、更扎实、更接近于实际。一个补充性的分析就是国有部门对产业演变的影响。

　　我们发现，国企根据发展阶段的变化、市场需求的变化和技术的变化而实行结构合理化方面的表现更差一些，除了少数行业和少数企业之外，国企的创新表现也不如民营企业；国企的存在，也不利于政府产业干预的退出和优胜劣汰的发生以及试错型创新的活跃。总体来看，庞大的国有部门对产业结构的调整和产业体系的升级转型有一定阻滞作用。从较长的时间进程看，经济的持续增长当然取决于符合规律的产业结构调整和产业体系升级是否顺利。由此也可以推断，随着时间的推移，国有部门对产业演变的不良影响也会产生对经济增长的抑制作用。

国企的历史贡献符合"后发"理论

　　当然，我们需要历史地看待国有企业与经济增长之间的关系，或者说，需要从经济增长不同阶段这个角度来看待国有企业与经济增长之间的关系。青木昌彦教授在几年前曾经把日本、中国、韩国等国家的经济发展划分为五个阶段：M（马尔萨斯）阶段、G（政府介入）阶段、K（库兹涅茨）阶段、H（人力资本）阶段、PD（后人口红利）阶段，并分析处于 G 阶段时政府到底可以做什么。中国的情况显而易见：从改革开放肇始的 1978 年到 2008 年的 30 年里，中国的年均经济增速达到了近 10%，即使在 1979 年之前的 30 年里，除了"文化大革命"十年动乱之外，其他大多数年份的经济增速都比较强劲。要知道，在改革开放之前，中国几乎所有像样的企业都是国有企业，另外还有一些集体企业，民营企业微乎其微，这显示了那个时期国企与高速经济增长之间的直接关联。

我们的研究发现，这种直接关联并不令人费解，因为那时经济增长主要来源于工业资本积累及相应的机器设备的使用，作为一个后发的经济体，在工业化启动阶段，由于要素的积聚和投入是推进工业化和促进经济增长的至关重要的因素，企业效率和企业创新的重要性退居其次，如果不考虑政治和社会方面的其他负面效果和后遗症，此时通过政府的有形之手来设立国企并协调国企之间的分工协作关系，是能够起到积极效果的。在新中国成立后我国推进工业化的早期，由于苏联的巨大影响，加上国内市场化的资本积累机制发育迟缓及得不到政治认同，我国自然而然地选择设立大量国有企业来建立自己的工业体系。应该说，通过设立大量国企来快速推进工业化、快速促进经济增长，是符合当时历史背景和思想逻辑的一种选择，而且事实上也在一个时期里达到了目的，当然这里我们不讨论社会代价和各种后遗症。

这种启动工业化和促发经济起飞的策略，与格申克龙的"后发"理论、罗森斯坦—罗丹的"大推进"理论及其他一些发展经济学家的理论，在一定程度上是吻合的。不过，当工业化发展到一定程度之后，随着效率因素重要性的提高和外部市场条件的逐步成熟，国企低效率所导致的负面影响就会越来越明显，不但国企自身的经营困境会交替出现，宏观经济也会不时受到大起大落和比例失调等种种窘境的困扰，依靠国企推动工业发展和经济增长的作用开始削弱并最终成为经济持续增长的障碍。实际上，中国的国企早在20世纪六七十年代，也就是仅仅在国企被大规模设立的十几二十几年之后，就开始显露出种种弊端。特别是当中国决定实行改革开放，在市场化和全球化的新环境中，国企的不适应性就愈加凸显。因此，中国在1978年就启动了国企改革，改革的基本方向是推行国企的市场化。也就是说，国有企业的改革方向与中国经济体制改革的方向是一致的。

深化国企改革才能稳增长

自1978年以来，中国国企的市场化改革取得了很大成效，特别是在20世纪90年代末至21世纪初的那轮改制重组，不但显著地削减了国有部门的规模，也通过卸包袱、输血液、活机制等措施在较大程度上恢复了国有部门的元气和竞争力。不过至今为止，我国仍保留了比较庞大的国有部门，国有资本几乎遍布所有行业，而且国企的经营机制从本质上来说并没有实现根本转变，国企离真正的市场化还有相当的距离。随着时间推移，上一轮改革给国企增加的元气和竞争力正在逐渐消失之中。

如果说21本世纪前十年中国经济增长处于上升通道可以掩盖或者忽略国企仍然存在的种种问题和弊端的话，那么现在，情况正在发展转折性的变化。一些典型的研究显示，中国经济增长已经开始进入趋势性的下降通道，高速增长阶段已经开始向中高速增长阶段转折。这个转折，现在被归纳为迈向"新常态"。事实上，近一两年，增长阶段转折性变化，或者说"新常态"，对国企所带来的压力正在逐渐显现之中，有越来越多的国企陷入经营困境之中，国有企业经营困境和宏观经济增速下滑的相互影响不容小看。

总之，当外延追赶的工业化走向收尾阶段时，国有企业的消极作用压倒了积极作用，国有企业的一些关键的生产率以及外溢效应都赶不上民营企业却消耗了更多的经济资源，导致增长抑制情形日益严重的现象；特别是当我们实行了市场经济，并誓言让市场在资源配置中发挥决定性作用和更好发挥政府作用的时候，国有企业所引致的资源错配和市场扭曲，不但构成了对下一步经济增长的严重拖累，而且也在很大程度上制约了政府职能的转变，政府不得不在对市场竞争的公允主义和对国有企业的父爱主义之间进行纠结和摇摆。因此，我们的研究所包含的政策意义非常清楚：国有企业改革，应该是中国调结构、抓改革、稳增长的政策组合中最重要的政策之一。

及时推进新一轮国企改革，特别是对大型龙头国企进行实质性改革和相应重组，在下一步的发展进程中，有助于打造中国经济的"升级版"和跨越"中等收入陷阱"。在全球化背景下，一个后发国家能否在较长时期里保持经济较快增长，从而完成工业化、跨越所谓的"中等收入陷阱"和进入富裕国家行列，在很大程度上取决于该国能否有一批企业在较长时期里保持和提升全球竞争力。

对于后发国家而言，在加入全球体系和实现经济起飞的初始阶段，其企业的全球竞争优势往往建立在规模迅速扩张、生产成本较低、技术模仿的快速有效等因素上，但随着星移物换，这种初始的全球竞争优势将逐渐消失，所以会面临着企业全球竞争优势的及时更新和全球核心竞争力的重建问题。如果不能意识到企业全球核心竞争力适时重建的重要性，或不能成功实现企业全球核心竞争力的适时重建，在宏观上将表现为外向型经济的失败及经济增长的失速。

中国也面临同样的问题，特别是当中国经济发展进入阶段性转折的时候，这个问题尤为突出。中国企业核心竞争力的重建，特别是面向全球竞争的核心竞争力的重建，与其他许多国家有所不同的一个独特议程，就是要对大型国企进行有力重组。中国许多行业的大型企业都是国有企业，这些企业不但规模大，而且占有许多创新资源，有着巨大的提升效率、迈向创新驱动的空间；许多国有企业在本行业中都居于龙头地位，而且直接面对国际竞争，其中一些企业在过去参与全球竞争的进程中，已经初步构建了一定的全球竞争力，甚至形成了全球公司的雏形。显然，这些国企具有适时更新全球竞争优势、重建全球竞争力的良好基础。如果这些企业能够成功地实现竞争优势的更新、全球竞争力的重建，对于中国的产业体系在全球产业体系中位置的提升，无疑是最便捷的一条路径，当然对于中国经济继续保持较快增长也具有良好的助推作用；如果这些企业不能成功地实现全球竞争优势更新、全球竞争力的重建，要使中国产业体系在全球产业体系中位置得到提升，就要花更大的力气、付出更多的代价、走更加曲折的路径，当然也毫无疑问会拖累中国经济的进一步持续增长。

中国政府已经意识到了这个问题的重要性，但是目前看来，应对这个问题的主要措施还停留在大型国企的合并重组方面，譬如说对高铁装备制造业的大型国企进行了合并。笔者宁愿把这样的合并看成是零星个案，而不是普遍性举措，更不愿意看成是关键性举措。如果把这样的政策措施当成是普遍性、关键性举措，就容易使很多产业滑向排斥竞争、构筑垄断的泥坑，结局可能适得其反。普遍性、关键性的举措应该是对这些大型国企进行实质性产权改革和相应重组，实现企业经营机制的根本转换和全球竞争力的重建。当然，在这个过程中，如何避免国有资产被低价攫取，如何避免职工和债务人等相关者的合法利益被伤害，如何使真正涉及国家安全和国民经济命脉的领域得到界定和掌握，需要做很多具体细致的工作。

所以可以得出结论：及时推进新一轮国企改革，有助于消除增长抑制、卸去增长拖累，可以在避免实行过度的总量刺激的情况下适度提高经济增速，对于下一步中国经济保持中高速增长、迈向中高级水平，具有重要意义。

（摘自国务院发展研究中心信息网 2016 年 2 月 23 日）

TPP 的特点、影响及对策建议

吴涧生

作者简介：吴涧生，国家发改委对外经济研究所副所长。

TPP 的主要特点

跨太平洋伙伴关系协定（Trans-Pacific Partnership Agreement，简称 TPP）是由美国主导、日本等 12 个国家共同参与谈判的一项多边自由贸易协定。

进入新世纪以来，由于 WTO 多边贸易体制进展缓慢，多哈回合贸易谈判陷入停滞。与此相对照，全球区域性自由贸易协议（FTA）呈现出迅速发展的态势。随着中国—东盟、韩国—东盟、日本—东盟等 FTA 的成功签署，亚太地区逐渐成为全球 FTA 的中心。受此影响，新西兰、新加坡、文莱、智利四国于 2005 年共同签署了跨太平洋战略经济伙伴关系协定（TPSEP），这也是 TPP 的前身。

国际金融危机爆发后，出于应对危机和美国战略利益重心转移的需要，加上美国反恐战争和伊拉克战争基本结束，奥巴马政府于 2008 年 11 月宣布美国正式加入。在美国的主导和推动下，TPP 谈判进入快车道。在随后的几年里，越南、秘鲁、澳大利亚、马来西亚、加拿大、墨西哥、日本等国家相继加入谈判，从而使 TPP 成员国的数量由最初仅有 4 个迅速扩大到目前的 12 个。截至目前，TPP 先后举行了 19 轮谈判和多次部长级会议。2015 年 10 月 5 日，新一轮 TPP 部长级会议在美国亚特兰大结束，谈判各方最终达成妥协，同意大幅降低货物贸易关税和非关税壁垒，未来一段时期大约有 1.8 万种商品关税将逐步削减或完全取消；同时，对原产地规则、贸易救济、投资、服务、电子商务、政府采购、竞争政策、国有企业、知识产权、劳工、环境、能力建设、中小企业、监管一致性、透明度和反腐败、发展及争端解决等领域进行统一规范。其中，农产品市场准入、汽车业原产地规则、制药业知识产权保护期限是此前多轮谈判的主要焦点。为了保障相关条款的有效实施，TPP 成立了跨太平洋伙伴关系委员会，并就能力建设、竞争力、发展、中小企业、监管一致性、争端解决等领域设立了专门委员会。

与现有的各类 FTA 相比，TPP 具有以下三大显著的特点：

一是广覆盖。TPP 的 12 个成员国，遍布北美、南美、东亚、东南亚和大洋洲，横跨太平洋。据 IMF 数据测算，2014 年 TPP 成员国的经济规模占全球经济总量的 36.21%，其贸易规模占全球贸易总量的 27.64%。这些国家中，既有人口大国，也有人口小国；既有资本主义国家，也有社会主义国家；既有基督教国家，也有佛教国家，还包含儒家文化圈；既有发达国家，也有发展中国家；既有以制造业为主导产业的国家，也有以资源为主导产业的国家。TPP 主张全面市场准入，取消或削减所有货物和服务贸易以及投资的关税和非关税壁垒，促进区域内生产和供应链的发展。

二是宽领域。TPP 协议条款超过以往任何自由贸易协定。既包括货物贸易、服务贸易、投资、原产地规则等传统的 FTA 条款，也包含知识产权、劳工、环境、临时入境、国有企业、政府采购、金融、发展、能力建设、监管一致性、透明度和反腐败等亚太地区绝大多数 FTA 尚未涉及或较少涉及的条款。TPP 倡导包容性贸易，加强成员国的合作和能力建设，帮助中小企业了解并利用好相关条款，以确保规模不同的经济体和企业均能够从中获益；同时，注重解决数字经济和国有企业带来的新的贸易挑战，促进创新能力、生产力和竞争力的提升。

三是高标准。作为亚太经济一体化的重要平台，TPP 虽然本质上仍属于 FTA 范畴，但其协议内容和标准均显著超过现有 FTA 的水平。TPP 的"高标准"，在很大程度上体现了美国的自由贸易理念及其战略利益诉求。首先，在货物贸易领域，要求最终实现全部贸易品零关税；在服务贸易领域，采用了"准入前国民待遇 + 最惠国待遇 + 例外条款"这一自由化程度较高的方式，即对所有服务部门均给予准入前国民待遇和最惠国待遇，仅对国防、金融、航空等少数特殊服务业设置例外条款。而且，在服务贸易、金融服务、投资等领域均采用"负面清单"的模式。第二，在知识产权领域，TPP 在地理指标、版权保护、反规避责任、专利保护、药品定价等方面提出的标准也明显高于 WTO《与贸易相关的知识产权协定》(TRIPS)的水平。以药品专利保护为例，美国在 TPP 谈判中最初希望给予生物制剂 12 年的专利保护期，但却遭到了其他缔约方的反对，最后只好妥协将保护期缩短至 8 年。新西兰等缔约方认为，对专利过度保护可能会阻碍创新和仿制药生产并有损 TPP 内发展中国家的利益。第三，TPP 协议中专门增设了劳工和环境条款，并与贸易相挂钩，通过强加于别国较高的劳工和环境标准等，将有助于美国借此对其他成员国特别是发展中国家出口产品实施贸易制裁，以达到维护其自身利益的目的。第四，TPP 协议还针对国有企业单列一章，主张取消对国有企业的政策支持、财政补贴和其他福利待遇的贸易条款，包括对国有企业海外投资所给予的特惠融资措施、保护外国私营企业经济活动、撤销政府采购的优惠偏好等内容。这些规定对现有成员国的影响可能并不是很大，但对拥有众多国有企业的中国来说，短期内将难以承受。

TPP 对我国的影响

作为 TPP 非成员国，我国受到的负面影响是复杂而多元的。其主要体现在：

（一）TPP 短期内给我国带来贸易转移效应，但对我国经济的整体影响仍相对有限。受成员国之间减税降低及原产地原则的影响，成员国更倾向于从自贸区内成员国进口，从而对一些非成员国来说会产生一部分贸易投资转移。TPP 生效后，由于绝大部分关税将取消，少部分关税也将逐步削减，这将使我国遭受部分贸易转移损失，并对外贸发展构成不利影响，进而导致国内消费、投资、劳动力需求下降。TPP 实施的统一原产地规则可能与北美自由贸易区的 65% 接近，这意味着 65% 的零部件是在其成员国境内生产的最终产品，才能享受零关税。受此影响，我国贸易转移效应更加明显，一部分外资和产业也将从我国转移到 TPP 成员国。综合有关机构测算结果，2025 年前我国不加入 TPP，将导致 GDP 年均下降 0.3% 左右，消费和投资下降 0.2% 左右，进出口下降 0.4% 左右。从长期看，随着我国改革开放的不断深化以及综合国力和国际竞争力的大幅提升，加之我国"一带一路"战略和自由贸易区建设的稳步推进，未来 TPP 对我国整体经济和产业的负面影响将是有限的和可控的。实际上，这也是由我国在全球经济中拥有的贸易大国和制造业大国地位所决定的。

（二）TPP 加大我国推进体制改革的紧迫性，从长期看可能演变成对美国等发达国家有利的国际治理新规则。一方面，TPP 非传统条款将导致国内企业成本增加和国外制裁增多。首先，知识产权条款将以往免费获取的专利变为必须付费，无法运用强制许可、专利撤销手段使用发达国家的专利，增加企业引进先进技术的成本，也不利于企业开展模仿创新和产品升级。其次，TPP 列出的劳工条款，实际上为发达国家对中国等非 TPP 成员的发展中国家实施贸易制裁提供了便捷"通道"或筹码。第三，环境条款与劳工条款类似，也为发达国家实施贸易制裁提供了借口，不利我国相关产品的出口。第四，政府采购条款要求对各成员国企业采取无歧视原则，可能阻碍我国运用政府采购工具支持国内重点产业发展，甚至会对新能源汽车等战略性新兴产业发展构成冲击。第五，国有企业条款要求除提供公共产品的少数行业外，国有企业不得享受任何政策支持和优惠待遇，我国钢铁、化工、金融、物流、通讯等拥有大型国企较多的行业有可能成为实施该条款的"重灾区"。另一方面，TPP 条款有助于美国重塑全球经济治理新规则，也有助于美国以此为平台推进亚太自贸区建设和区域经济一体化。随着TPP协议的生效，未来亚太地区参与国有可能不断增多，这势必会形成包括全球主要商品消费市场和供给市场的大型自由贸易区，可能会对WTO现有框架下的多边贸易体制以及各类双多边自由贸易协定形成一种"颠覆性"冲击，进而形成一套由美国主导的全球经济治理新规则。更为重要的是，TPP涵盖环境保护、劳工权利、知识产权、竞争政策、争端解决等有利于美国的诸多条款，新规则一旦建立起来，美国必将成为最大的赢家和受益者。从中长期看，TPP的持续推进，最终可能逐步演变为国际经贸新规则。这无疑会对我国国内体制和相关规制构成较大的压力和挑战。

（三）TPP导致亚太合作格局不确定增多，从长期看可能会推动我国与周边大国新型关系的重构。美国在推进TPP上"高调说、高调做"，目的是为了在政治、军事、经济上"重返亚太"，以谋求更大的利益。过去十多年来，我国积极参与推动东亚经济合作，取得了明显实效，而美国的介入将会影响到我国在该地区主导作用的发挥。随着TPP协议的达成和生效，我国面临的不仅是经济上的损失，而且是与东亚经济合作中影响力的削弱。特别是，美国与其亚太地区政治安全盟友关系的进一步巩固和强化，将会恶化我周边乃至更大范围的地缘政治环境，甚至会危及我国长期谋求的和平发展外部环境。

我国与日本、韩国、东盟等周边国家有着密切的经贸关系，TPP的出现以及美国"重返亚太"，为这些国家谋求自身利益最大化提供了一条额外的路径，导致我国处理好与这些国家关系的难度加大。就中日关系而言，如果没有TPP，没有美国"重返亚太"，中日韩自贸区的前景可能会更好，中日关系也会相对"单纯"一些。就中国与东盟关系而言，近年来，随着TPP的推进，加之南海局势波澜起伏，我国与东盟关系也趋于复杂化。历史地看，东盟更倾向于与区域性大国单独签署 FTA，以借助大国平衡外交实现自身利益最大化。目前，虽然新加坡、文莱、越南、马来西亚已加入 TPP 谈判，泰国也向 TPP 伸出了"橄榄枝"，但东盟作为一个整体，尚未对 TPP 作出明确表态，这对我国是有利的。下一步，如何利用好"10+1"等合作框架与机制，无论是对于深入实施自由贸易区战略、打造"10+1"升级版，还是对于强化周边国家关系、营造良好稳定周边环境，都是一个重大的现实考验。就中印关系来说，印度在冷战期间一直奉行"左右逢源"的取向，短期内会更多注重自身的利益诉求，单方面倒向美日的概率并不大。在当前的形势下，随着 TPP 协议达成以及钓鱼岛、南海等问题不断升温，未来我国在实施"一带一路"战略和推进自由贸易区建设上可能会面临更大的困难和挑战。

主要对策建议

（一）准确把握 TPP 的趋势和影响

一是要冷静看待 TPP。针对 TPP 带来的复杂严峻挑战，我们要在战略上藐视、战术上重视。作为世界第一大出口国，第二大进口国，第三大对外投资国，拥有 13 多亿人口的庞大市场，TPP 要取得最终成功，离开中国的参与和支持将是难以想象的。下一步，关键在于保持战略定力，趋利避害，沉着应对，综合施策，积极主动地推动全球区域经济合作特别是亚太区域经济合作，努力营造对我国有利的亚太区域合作新格局。

二是要客观看待 TPP。针对 TPP 带来的负面影响，我们既不能夸大和高估，也不能忽视和低估。一方面，要看到短期内它对我国负面影响的有限性和可控性；另一方面，也要看到 TPP 的高标准、新规则代表了经济全球化的发展方向，超出了我国的发展阶段和水平，未来我国在这方面将面临巨大压力和严峻挑战。

三是要辩证看待 TPP。若不考虑地缘政治安全等因素，加入 TPP 对我国也是有积极意义的，并非都是不利影响。从一个较长时期看，TPP 是一个推动亚太经济一体化的助力泵和加速器，对我国形成很强的倒逼和示范效应，将有利于我们增强全面深化改革和全面提高开放型经济水平的主动性和紧迫性，也有利于我们更好地适应和参与塑造国际经贸新规则。

四是要理性看待 TPP。作为推动亚太自贸区（FTAAP）和亚太经济一体化的重要平台或"亚太路径"，TPP 与我国支持和倡导的"10+1""10+3"和"10+6"（RCEP）等多边 FTA 战略或"东亚路径"之间是具有竞争性的，但两者可以相向而行、相互促进、共同发展。未来 5—10 年乃至更长时期，两者有望走向趋同和融合，甚至殊途同归。对于我国来说，在东亚合作路径和亚太合作路径走向尚不明朗之前，短期内可不加入 TPP。但从长远看，我们要切实统筹好两者的关系，准确把握我国加入 TPP 谈判的可行性和有利时机，力争将参与 TPP 谈判作为我国推动整合亚太区域合作、实现亚太梦想的重要契机。

（二）认真下好"先手棋"

目前，我国与东盟、智利、瑞士、新西兰、韩国、澳大利亚等 22 个国家和地区达成了 14 个自贸协定。下一步，要加快推动国内规则与国际高标准接轨，大力促进体制机制创新，以"准入前国民待遇"加"负面清单"的投资管理模式为基础，加快同沿线国家和地区商签双边投资协定，大力推进自贸区建设，形成以周边国家为基础、辐射"一带一路"、面向全球的高标准自由贸易区网络，为我国参与全球经济治理、适应和塑造国际经贸新规则抢占先机、赢得主动。

一是切实做好相关应对预案。密切跟踪 TPP 发展态势，深入开展对 TPP 内容和标准的分析研究，全面、系统、动态地评估 TPP 对我国产生的各类影响，特别是对国内重点行业或关键领域的重大影响。在此基础上，抓紧从战略层面上研究相关应对预案，为有效对冲和化解其预期负面影响做积极准备。

二是加快提升现有 FTA 水平。不断强化"两岸四地"的经贸合作，逐步整合为涵盖"两岸四地"的自贸区；着力打造中国—东盟自贸区升级版，力争 2015 年底完成谈判。对于我国与新西兰、智利、秘鲁等国已签署实施多年的自贸区协定，可通过适当增加议题和提高标准的方式来提升质量和水平。同时，要切实建设好中国上海、福建、天津、广东自由贸易试验区，抓紧探索形成可复制、可推广的经验和模式，加快向中西部地区扩大试点范围。

三是积极推进自由贸易区建设。积极推动与相关重点国家及 TPP 成员国开展自贸协定谈判。抓紧考虑与文莱、马来西亚、越南等国在 CAFTA 基础上再商签更优惠的双边 FTA（称之为 CAFTA+）。以中韩自贸协定为杠杆，撬动并促成中日韩自贸区谈判，力争早日形成"10+3"自贸区大格局。与有关国家共同推进区域全面经济伙伴关系协定（RCEP）谈判，力争早日达成共识。同时，积极推进中国—海湾合作委员会自贸区、中国—挪威自贸区及中国—斯里兰卡自贸区谈判。抓紧启动与加拿大、墨西哥、欧盟、俄罗斯、印度经济体开展双边自贸协定谈判。加快推进中美双边投资协定（BIT）谈判，尽早启动中欧双边投资协定（BIT）谈判。

四是大力实施"一带一路"战略。坚持"合作共赢、开放包容"的丝路精神，秉持"亲诚惠容"的周边外交理念，以政策沟通、设施联通、贸易畅通、资金融通和民心相通为主要内容和有力抓手，扩大同沿线各国的战略契合点和利益汇合点，有序推进陆海统筹、东西互济的商品资源物流大通道建设，加快同周边国家和地区基础设施互联互通，不断推动双多边经贸投资合作上水平。加快培育和提升我国企业参与和引领国际合作竞争新优势，着力推动国内优势产业向全球产业价值链中高端迈进，不断强化我国对区域合作进程的主导性影响，与沿线各国共同打造政治互信、经济融合、文化包容、安全互助的利益共同体、责任共同体和命运共同体，不断拓展我国未来发展战略空间。

（三）正确处理与主要大国的关系

坚持以合作共赢为核心，积极与全球主要大国构建新型大国关系，把推动构建基于相互尊重、合作共赢的中美新型大国关系放在更加重要的位置，为我国继续抓住和用好重要战略机遇期创造更有利的外部环境。当前和今后一个时期，在美国“重返亚太”的现实背景下，应当采取“东拉、南拓、西稳、北进”的策略。“东拉”即拉住韩国和日本，核心任务就是以中韩自贸协定签署为契机，加快推动中日韩自贸协定谈判，并在具体条款上体现各方利益诉求和我国的包容合作精神，为建立“10+3”奠定基础。“南拓”即拓宽深化与东盟的经济合作，把各个领域的功能性合作做实做深，着力打造中国—东盟自由贸易区升级版；巩固和提升与台港澳的经济合作，不断丰富拓展 ECFA、CEPA 内容，树立良好示范效应。“西稳”即稳定与印度关系，要按照“以经促政”的思路，进一步加强中印两国相关战略的对接，不断深化在能源、基础设施等重点领域的务实合作。“北进”即利用俄对我战略倚重加大的契机进一步深化与俄罗斯的全方位战略协作伙伴关系，以共同应对美国“重返亚太”对我国形成的政治、经济和安全压力。

要运用好上述策略，关键在于：一是要妥善处理好中美日三角关系。目前，这种三角关系正在加速调整和演化，我国与日本是战略对抗多于战略合作，而与美国则是战略合作多于战略竞争。今后，应努力形成中美关系强于中日关系的格局，逐步推动形成“你中有我、我中有你”的良性互动局面。日本加入 TPP 的政治考虑大于经济收益，主要战略意图是加强和美国的联盟关系。当前，我们关键是要加快推动中美双边投资协定谈判，力争取得实质进展。二是要积极利用好中美欧三角关系。目前，虽然美国与欧盟已决定开展“跨大西洋贸易与投资伙伴协议”（TTIP）谈判，但美国“重返亚太”对欧洲具有排他性。众所周知，欧洲和美国在国际舞台上是综合实力最为接近的两大经济体，在中国与美、欧力量对比悬殊且存在一定竞争的情况下，我们可以利用这一因素，围绕共建"一带一路"、亚投行运营、新兴产业发展等方面积极与欧洲国家特别是与欧盟成员国开展对话与合作。除加强能源、产业、投资、金融、科技等领域的合作外，还应积极探索与欧盟开展自贸区谈判和双边投资协定谈判的现实可能性，进一步拓展我国区域经济合作战略空间。三是要准确把握好中美俄三角关系。我国与俄罗斯在很多全球性问题上有着共同的立场，不存在明显的战略对抗，加强与俄之间的合作应是我国周边外交的优先方向。在当前美欧对俄实行战略挤压和多轮经济制裁的情况下，俄与我国加强合作的意愿空前提升，双边关系也步入历史最好时期。我们要利用好这一新机遇，全面深化与俄罗斯的合作，着力夯实我国与俄的政治经济安全合作基础，坚持把中俄双边经贸投资产业合作放在发展两国关系的重要位置，加强我国"一带一路"战略与俄主导的欧亚经济联盟战略的对接，不断拓展和深化两国在能源安全、基础设施、经贸投资、气候变化和国际金融体系改革等领域的务实合作。

（四）抓紧练好"内功"

TPP 对我国提升在亚太区域合作的地位和影响力已构成现实的压力和挑战，并在一定程度上对我国国内改革与发展形成一种倒逼压力和示范效应。现阶段，我国经济的发展水平和开放程度还难以适应 TPP 的新规则和新要求，与其盲目应对谈判，不如抓紧研究相关应对预案，着力强化"内功"，抓紧为适应和塑造未来全球经贸投资高标准和新规则做准备。这应是我们应对 TPP 的根本之道。

当前，我国经济发展进入新常态。面对这一新形势，我们必须积极主动作为，未雨绸缪、苦练内功，转压力为动力、化挑战为机遇。一方面，全面深化重点领域和关键环节的改革，不断释放改革红利与发展活力。加快转变政府职能，进一步深化行政审批制度改革；加快完善现代市场体系，积极推行市场准入负面清单制度，建立公平开放透明的市场规则，使市场在资源配置中起决定性作用；

加快深化国有企业改革，充分发挥非公有制经济作为市场经济重要组成部分的作用，积极发展混合所有制经济。另一方面，大力实施创新驱动发展战略和"中国制造2025"，加强知识产权保护，促进科技与经济紧密结合，通过科技和制度创新加快推动经济发展方式转变、经济结构调整和产业转型升级，不断完善政府采购、劳工、环境、知识产权保护等相关政策，着力提升我国综合国力、国际竞争力和国际影响力，努力推动我国经济发展再上新台阶。这既是我们采取"东拉、南拓、西稳、北进"策略的基石，也是我国更好参与全球经济治理的重要前提。

（摘自《中国发展观察》2015年11月3日）

"十三五"时期防范系统性风险的认识和思路

夏斌

作者简介：夏斌，国务院参事、央行货币委员会委员、国务院发展研究中心金融研究所所长。主要研究方向为宏观经济政策、货币政策、金融监管和中国资本市场发展。著有《中国金融战略 2020》《十问中国金融未来》等。

对我国风险问题的认识

1. 当前我国未爆发系统性风险，是因为已采取了一些国家危机后采取的救助与化解政策。一般而言，巨高的不良贷款率往往不是产生在危机之前，而是在危机之后。尽管近几年我国银行公布的不良贷款率增长不快，但有几个现象须注意：

（1）关注类贷款增长很快（在资产质量上接近不良贷款、还未归类到不良贷款统计中），2014年3月到12月仅9个月，全国关注类贷款由2.5%增加到3.11%，增加5400多亿元。

（2）有问题贷款实际处置数在大幅上升。以温州为例（无法得到全国数据），2014年1—10月不良贷款308亿元，不良贷款率4.19%。但同期未列入不良贷款统计而需打包处置的有问题贷款273亿元，高于历年的处置数（2013年288亿元，2012年114亿元）。

（3）不少地方政府出于稳定社会目的，已通过成立各种资产管理公司、基金、资金池等方式，或重整债务，或借新还旧，不断干预企业，不让破产，不让解雇工人。

（4）我国的货币供应与经济增长之比，在"四万亿"货币供应高峰时的2009年为177%，到2014年该比不仅未缩减，反而扩大到193%。同期，银行总资产从78.77万亿元，增加到168.16万亿元，增加了1.13倍，货币总量不敢轻易收紧。

（5）央行在下调差别存款准备率中，"差别"的"精确度"，已从大小银行间的差别扩大到对中小银行内部实行差别，这实际上已意味着对个别流动性紧张的中小银行在采取"救助性"手段。

正是由于事先采取了以上一系列措施，在中国经济由两位数增长快速下滑到7%左右增长过程中，中国的银行体系才能仍然表现稳定的运行。

2. 目前各经济主体的风险，集中表现为国家的财政风险。由于我国各类市场主体的刚性兑付问题尚未解决，目前不管是地方债务风险、影子银行风险、互联互保风险、信托理财风险还是国企亏损破产风险，最后七拐八拐，风险往往都集中在"姓公"的资产上，减记"姓公"的权益。而且，由于地方财政风险、金融机构风险、货币风险（贬值）以及社会稳定风险胶着一起，加上金融风险波及面大，传递速度快、非线性爆发特点，实际上已难以区分区域性风险和系统性风险的差别，很容易酿成全局性的国家财政风险。

3. 及时释放与化解风险不仅不会影响增长，而且有利于稳定增长。对已形成的风险来说，是已经造成的损失，是客观的，最后必然要有人买单或减记某经济主体的资产或权益。当风险数量少，不易被察觉，或可拖着不解决，但累积到一定地步往往是以被迫的未预料到的"危机"形式出现。在系统性风险集中爆发之前，也往往容易出现"问题不大"，缺乏化解化险紧迫性的认识。此时如果不愿意将一部分稳增长的资金省下去买单化风险，由于市场不能出清，资金为僵尸企业所占有，或金融市场上无风险收益率远高于实体经济的利润率，结果出现一部分有活力中小企业、创新企业融资难、融资贵的局面，最终反而影响经济增长。

4. 在化解风险方面，中国当前的国情有特殊的优势。在严厉的市场法治经济下，市场法律约束与企业破产边界是极其的清晰。当一企业出现财务危机，不可能存在中国总理为"农民工讨薪"的怪现象。委托理财的失败，也不需要成立"信托公司保障基金"之类的机构予以保障。因为在严厉的法律和被约束政府（议会政治）下，一切按市场规律办事。当微观风险累积到一定地步，只要无法律依据的特别制度支持，最后只能以危机形式来解决，政府不具有在法律制度改变之前擅自采取特殊的风险化解政策。中国当前则不然。金融尚未全部对外开放，各项体现法律意图的市场化改革制度正在一项一项推进中，相关的市场约束仍然"不硬"或尚不明确，因此各种债权债务纠纷和拖欠行为尚存在大量"可协商""需改善"的空间，这就为我国政府利用当前的条件，抓紧摸清家底，重新完善和强化市场规则提供了可能。可以做到一边买单整顿、一边制定规矩，为防范更大的风险积聚和系统性风险的爆发赢得时间。

关于存量风险的化解

基于以上认识，在"十三五"期间对已存在风险的化解，应坚持以下思路：

1. 止血原则。对过去因法规制度不健全而产生的风险，应尽快完善法制，坚决堵住漏洞，边立规矩边化风险，做到存量风险只减不增。鉴于目前对影子银行、地方债已出台一些新规，"十三五"前期，务必对 P2P、居民理财等活动要有监管指引，堵塞一系列"跑路潮"，整顿各类机构理财中恶性竞争而产生的风险。

2. 共担原则。坚持谁欠债谁还，中央政府不兜底的原则。对过去形成的存量风险的化解，坚决依相关市场契约，由银行、企业、个人、地方政府、中央政府分别或共同买单。若地方政府所欠债务一时难以偿清的，应通过变卖地方资产等措施设法偿还，在此问题上，中央、国务院一定要坚持原则不妥协，打破各经济主体的道德风险，这也是"十三五"期间防范新风险产生的极其重要的屏障之一。

3. 成本原则。面对目前巨额的地方政府债务本息的偿还压力和新的债务需求，降低利息负担，既是化解存量风险又是防范增量风险的一项重大任务。从今年到"十三五"期间，应将部分地方债置换成中央债，将长期债置换成中短期债，借助中央信用降低融资成本，或积极用好低息政策金融债，节省一大块利息成本。

4. 时间原则。应该看到，中国经济在"十三五"期间若保持6%—7%的增长，仍是世界大国经济体中增速最高的国家。增长意味着新收入。从全局看，我们只要将新债务成本控制在经济增长率以下（如6%），仍具有稳定的偿债能力。因此，在设法控制债务成本前提下，对巨额存量债务风险问题，我们应相信，通过延长时间是能够逐步消化的。

关于增量风险的防范

防范增量风险产生的措施可以列举上百条，核心是通过改革，培育与确立经济发展方式的转变。对此，包括防风险的相关金融改革项目在内，"全面深化改革小组"已作了全面的部署。下面仅就在研究改革措施时从防风险角度需贯彻始终的三个问题做一补充说明。

1. 必须坚决打破刚性兑付的原则。国家变相的隐性担保这一刚性兑付原则仍未打破，这是当今中国市场默认的"潜规则"，是迄今为止我国各类风险债务之所以越垒越高的重要原因之一，也是容易形成爆发系统性风险的主因之一。"十三五"期间研究改革措施会涉及方方面面的制度改革，对此，应对每类机构的改革，要有市场退出的预判与制度安排，对各经济主体的每一类金融交易活动，要有明确、可司法的契约性硬约束。在"十三五"期间，必须解决谁的债务谁偿还、谁投资谁承担损失的原则。重点要解决好自然人在各种理财活动中依法承担投资、储蓄损失的问题（包括建立存款保险制度），这是建立市场经济的最起码的制度。

2. 要处理好"前期刺激政策消化期"的债务管理和稳增长关系。"十三五"既是全面实现小康目标的关键五年，又是处在消化和化解"增速换挡期风险"的过渡期。既然是过渡期，就要既去买单消化过去的风险包袱，又要做到经济减速不失速，坚持市场化改革不妥协，这需要高超的驾驭技术，包括除经济之外的政治、舆论、社会管理等因素。因此，整个"十三五"时期要有充分的思想准备：一是不要回避，在"前期刺激政策消化期"国家财政、银行等其他经济主体，必然要付出代价，减记资产和权益，买单化风险。二是在改革深化过程中要兼顾增长，中期财政预算将越来越难以平衡。因此，政府必须学会运用美国危机后，西方各国政府对中国政府羡慕不已的手中仍持有的大量资源——近4万亿外汇储备和近30万亿国有净资产，才能加快化解风险和推进改革，才能真正确保基于底线思维的稳增长目标。

3. 改革政策一定要有明确的预期，私有合法财产一定要得到明确的保护。由计划经济向市场经济过渡这一矛盾性质决定了全部改革的核心，说到底是处理好政府与市场的关系。当前以"简政放权"为代表的各项改革势头很好，很得人心。但是，要真正实现十八届三中全会制定的目标，需要大量的资金，任务艰巨。而广义的政府债务率已经较高，政府力量有限。同时，中国本身又是个高储蓄率国家，因此如何鼓励民间资金主动积极投入"十三五"期间稳增长的艰巨任务中，解决让民间资金"真正能信、真正能进"的问题，必须做到各项改革政策尽可能有充分的可预见性（即透明性和一贯性），以及私有合法财产依法得到充分保护。这既是市场化改革要义的重中之重，也是"十三五"期间防止经济过度波动、防止产生增量风险的重要措施之一。

（摘自中国经济 50 人论坛 2016 年 1 月 8 日）

二

政治建设篇

　　高举中国特色社会主义伟大旗帜，全面贯彻党的十八大和十八届三中、四中、五中全会精神，以马克思列宁主义、毛泽东思想、邓小平理论、"三个代表"重要思想、科学发展观为指导，深入贯彻习近平总书记系列重要讲话精神，坚持全面建成小康社会、全面深化改革、全面依法治国、全面从严治党的战略布局。

中国特色社会主义理论体系创新脉络

李君如

作者简介：李君如，中央党校原副校长，中共中央直属机关侨联主席，中国浦东干部学院中国特色社会主义研究院院长，第十届全国政协委员、第十一届全国政协常委，曾任中宣部理论局副局长、中央党史研究室副主任，兼任中国改革开放论坛副理事长、中国中共党史学会副会长、中国人民政协理论研究会副会长、中国人权理论研究会副会长、中国马克思主义哲学史学会常务理事、"三个代表"重要思想研究会会长。享受国务院颁发的政府特殊津贴。

每当我们的经济社会进入转折阶段，就有一些"预言家"唱衰中国。他们不懂得，对于用唯物辩证法武装起来的中国共产党人来讲，困难、挑战、风险，正是转变、突破、创新的机遇。一部马克思主义中国化的历史，一部中国特色社会主义理论发展的历史，就是中国共产党应对挑战、创新发展的历史。

中国特色社会主义理论体系是在大风大浪中推进马克思主义中国化的最新成果

中国共产党是一个能够在斗争中坚持理论指导而又敢于理论创新的党。不断推进马克思主义中国化，是党在理论创新过程中贯彻始终的一条主线和中心任务。

马克思主义中国化，是毛泽东同志在 1938 年 10 月召开的党的扩大的六届六中全会上提出来的。他说："成为伟大中华民族之一部分而与这个民族血肉相连的共产党员，离开中国特点来谈马克思主义，只是抽象的空洞的马克思主义。因此，马克思主义的中国化，使之在其每一表现中带着中国的特性，即是说，按照中国的特点去应用它，成为全党亟待了解并亟须解决的问题。"中国共产党人形成这一重要认识，是在经历了北伐战争和土地革命战争两次胜利与两次失败，以及总结了抗日战争初期在统一战线问题上的右倾错误才获得的，来之不易。

马克思主义中国化的基本要求，是要坚持马克思主义与中国实践相结合。所谓"相结合"，不是坐在书斋里研究概念与概念之间的联系、范畴与范畴之间的变化，而是马克思主义者从斗争实际出发，回答和解决实践提出的问题。正如马克思所说过的："理论在一个国家实现的程度，总是决定于理论满足这个国家的需要的程度。"因此，马克思主义中国化的成果，就是中国马克思主义者回答和解决中国重大课题的理论成果。

中国的马克思主义者碰到的问题，就是中华民族自近代以来面对的问题。鸦片战争后，中国逐步沦为半殖民地半封建国家。中华民族面对着两大历史任务：一个是求得民族独立和人民解放；一个是实现国家繁荣富强和人民共同富裕。这也就是我们党要解决的历史课题。这两大历史性课题，解决前一个课题，才能为解决后一个课题创设条件。毛泽东提出"马克思主义中国化"的任务，就是要求我们立足中国国情，依靠自己的实践，回答和解决的是近代以来中华民族面临的这两大历史性课题。

中国共产党在解决中华民族面临的两大历史性课题过程中，在领导革命、建设和改革的过程中，我们党进行了两次"结合"，实现了两次历史性的理论飞跃，创立了毛泽东思想和中国特色社会主义理论体系两大理论成果。

为解决中华民族面临的第一个历史性课题，中国共产党进行了马克思主义与中国实践的第一次"结合"，实现了第一次理论飞跃，形成了新民主主义理论。新民主主义理论的主要创立者是毛泽东。他从半殖民地半封建社会的基本国情出发，找到了具有中国特色的革命道路，揭示了从新民主主义到社会主义转变的历史必然性。我们党把这一理论成果和毛泽东在领导社会主义建设过程中形成的关于建设社会主义的科学思想，统称为毛泽东思想。

为解决中华民族面临的第二个历史性课题，中国共产党又进行了马克思主义与中国实践的第二次"结合"，历尽曲折之后，从党的十一届三中全会开始，实现了马克思主义中国化的第二次理论飞跃，形成了中国特色社会主义理论。这个科学的理论体系，是马克思主义中国化的最新成果。在当代中国，坚持中国特色社会主义理论体系，就是真正坚持马克思主义。

中国特色社会主义理论体系在社会转折中发展的脉络

事非经过不知难。改革开放 30 多年，我们经历了大转折、大挑战、大考验，不断推进实践创新和理论创新，形成了邓小平理论、"三个代表"重要思想和科学发展观三大理论成果。由于这三大理论成果贯穿着建设中国特色社会主义这一共同的主题，我们又把它们统称为中国特色社会主义理论体系。

中国特色社会主义理论的主要创立者是邓小平。他面对的是从"文化大革命"中走出来的中国。由于"文化大革命"把什么是社会主义、怎样建设社会主义这个基本问题搞得很乱，全社会对于"中国向何处去"的问题感到很迷茫，"左"的、"右"的思潮都出来了。邓小平针对这种情况，根据我们的历史经验和现实国情，继承毛泽东的未竟之业和思想财富，总结中国和世界社会主义运动的历史经验和我国改革开放的新鲜经验，在领导党实现了工作重点从阶级斗争到经济建设的战略转移后，提出了我国现在还处在社会主义初级阶段，要"走自己的道路，建设有中国特色的社会主义"。这样，就开创了既不同于传统的社会主义，又有别于资本主义的中国特色社会主义，包括开辟了中国特色社会主义道路、形成了中国特色社会主义理论、确立了中国特色社会主义制度。

世纪之交，东欧剧变，世界社会主义运动遭受严重挫折，中国共产党也面临新中国成立以来前所未有的大挑战。江泽民是在这样一个特殊的历史条件下成为党的总书记的，摆在他面前的问题，就是：中国共产党作为一个执政党，应该建设什么样的党、怎样建设党。他通过历史经验的总结和大量的调查研究，提出了中国共产党要始终代表中国先进生产力的发展要求，代表中国先进文化的前进方向，代表中国最广大人民的根本利益，即"三个代表"重要思想。这一重要思想不仅丰富和发展了邓小平理论，更重要的是在一个关系到党和社会主义生死存亡的历史关头，坚持了党的领导，坚守了社会主义，把中国特色社会主义推进到了21世纪。

在告别20世纪、进入21世纪的时候，党中央全面评估了我们的工作，认为在20世纪尽管我们总体上进入了小康社会，但存在的问题还不少，特别是城乡发展不平衡、区域发展不平衡、经济与社会发展不平衡等问题还相当突出，决定在21世纪之初拿出20年的时间全面建设小康社会，为社会主义现代化建设打下更为坚实的基础。胡锦涛就是在这样的历史条件下成为党的总书记的。为了解决中国经济社会发展的这一系列新问题，他从实际出发，同时借鉴了世界各国的有益经验，提出了以人为本、全面协调可持续发展的科学发展观。

需要指出的是，这三大理论成果都来自实践，并经受了实践的考验，因此我们党先后在党的十五大、十六大、十八大把邓小平理论、"三个代表"重要思想、科学发展观确立为党的指导思想。

综上所述，从邓小平理论的创立到"三个代表"重要思想的形成，再到科学发展观的提出，每次理论创新都是在党面临大考验的时候实现的。

习近平系列重要讲话是从新的历史起点出发的中国共产党理论创新的最新成果

马克思主义必定随着时代、实践和科学的发展而不断发展，不可能一成不变，社会主义从来都是在开拓中前进的。坚持和发展中国特色社会主义是一篇大文章。习近平总书记强调："现在，我们这一代共产党人的任务，就是要继续把这篇大文章写下去。"

党的十八大以来，我们面临全球经济危机深化、国内进入经济新常态等一系列新情况、新考验。习近平总书记是在一个充满挑战和风险的背景下走上党和国家领导地位的。三年多来，他高瞻远瞩，审时度势，针对党和国家发展中出现的新问题，发表了一系列重要讲话。这些讲话，内容丰富，相互联系，思想深刻，语言生动，为人瞩目。可以说，这些重要讲话是当代中国马克思主义的最新成果，对于我们从新的历史起点出发，坚定不移沿着中国特色社会主义道路前进，处理好中国改革、发展、稳定和国家治理中的热点、难点，全面建成小康社会和加快实现现代化，实现民族复兴的中国梦，具有重大的指导意义。

今天的中国，需要解决的问题很多，集中起来，根本问题就是在改革开放30多年实践的基础上，建立一个什么样的国家治理体系，怎样治理国家，从而实现我国"两个一百年"的奋斗目标和中国梦的问题。

首先，这是解决当代中国社会主要矛盾提出的时代课题。改革开放以来，我们认识到在社会主义初级阶段，我们要解决的社会主要矛盾是人民日益增长的物质文化需要同落后的社会生产力之间的矛盾。对立统一规律是宇宙最根本的规律，对我国社会主要矛盾的认识属于规律性的认识。根据这样的认识，我们解决这一社会主要矛盾，就要坚持以经济建设为中心，通过改革开放解放和发展社会生产力。为此，就要在改革中突破传统生产关系的束缚，建立和发展社会主义市场经济体制。而要发展市场体系，解决市场经济发展中出现的新问题，就要进一步改革和完善上层建筑，从执政党建设着手，改革党的领导方式和执政方式；进而，就要全面深化改革，进一步解决国家治理体系和治理能力现代化问题，解决国家制度现代化问题。这就是中国改革的实践逻辑。

其次，这是改革发展稳定的实践提出的时代课题。考察30多年改革开放以来，中国发生了天翻地覆的变化，这种变化体现在思想大解放，生产力大解放，社会财富大增加，国家经济实力大提高，这是有目共睹的事实。溯源这些变化，就在于改革把中国社会内在的生机和活力极大地激发了出来。然而，在我们把中国搞活的同时，出现了许多乱象，包括党内腐败从滋生到蔓延，引起人们对国运的担心。这就要求我们治乱，建设一个活而有序的社会，解决伴随改革发展而来的种种矛盾和问题，把中华民族的复兴大业推进到一个崭新阶段。在这个阶段，建设一个什么样的国家治理体系、怎样治理国家的问题凸显出来了。

时代提出的课题，也是时代提出的难题。搞活，不能搞乱；治乱，不能治死。不仅如此，我们追求的"活而有序"，不是权宜之计，而是长治久安。激发活力，要靠改革；治乱，要靠法治，还要靠治党。不论搞活，还是治乱，都必须有利于并确保"两个一百年"目标的实现。为破解这一难题，十八大以来，以习近平为总书记的党中央先是统一思想，把全党全国人民的思想认识统一到"两个一百年"和中国梦的奋斗目标上来；继而秉持"治国必先治党，治党务必从严"的理念，一手抓群众路线教育实践活动，一手抓惩治腐败，"老虎""苍蝇"一起打，改善了党在群众中的形象；接着，制定了"全面深化改革"和"全面推进依法治国"这两个被称为"姊妹篇"纲领性文件，把国家治理包括依法治国问题提到了改革总目标的高度。在此基础上，我们形成了"四个全面"战略布局和创新、协调、绿色、开放、共享的发展新理念。这就是以习近平为总书记的党中央所处的时代背景及其肩负的时代使命。

第三，这是信息化迅猛发展过程中提出的时代课题。在当今世界，像中国这样一个大国的治国理政，已经不能离开这个国家所处的国际环境和时代条件。因此，研究中国的社会主义问题，研究中国的治国理政问题，都不能脱离今天的时代变动特点，远离时代大潮的发展趋势。今天世界发生的变化，概而言之，就是现代化、信息化、低碳化、全球化。这样的变化，不仅深刻，而且广大，已经直接渗透到老百姓的日常生活领域，成为一种时代潮流。研究中国特色社会主义的发展走势，研究当今中国的国家治理，不能不看到日常生活中发生的这些与时代潮流变动相联系的巨大变化。因此，我们要顺应时代发展潮流，更好地坚持以人民为主体，全心全意为人民服务；更广大地推进民主政治建设，包括发挥互联网在民主政治建设中的作用，扩大公民有序地政治参与；更自觉地推进依法治国，特别是党要更自觉地坚持在宪法和法律范围内活动；更务实地以保障和改善民生为出发点发展国民经济；更有力地推进反腐倡廉，把权力关进制度的笼子；更努力地维护世界和平，参与全球经济治理，促进共同发展。

诸如此类思考，汇总起来，就是一个目标：完善和发展中国特色社会主义制度，推进国家治理体系和治理能力现代化。正是在这样的时代背景下，形成了习近平总书记的系列重要讲话及其治国理政思想，续写了一篇光彩夺目的中国特色社会主义大文章。

习近平治国理政科学体系的主要内容

《习近平谈治国理政》是习近平担任党和国家领导人后出版的第一部著作。这部著作比较全面地体现了当今时代背景下中国特色社会主义理论创新的最新成果。它所提到的习近平治国理政思想包括国家发展的根本方向、奋斗目标、发展动力、工作中心和总布局、国防和祖国统一、外交、党的领导和党的建设等主要内容，这是一个有思想内涵和逻辑联系的科学体系。加上《习近平谈治国理政》出版后即 2014 年 6 月后习近平总书记提出的经济新常态、“四个全面”战略布局和创新、协调、绿色、开放、共享发展的新理念，以及其他重要思想，这更是一个具有丰富内容并有内在逻辑的治国理政科学体系。这一科学体系的主要内容包括：

第一，坚持和发展中国特色社会主义，这是主线。或者说，这是习近平治国理政思想的纲。

第二，实现“两个一百年”的目标和中华民族伟大复兴的“中国梦”，这是目标。

第三，以创新、协调、绿色、开放、共享的发展新理念，适应、把握、引领经济新常态，保持经济持续健康发展，这是中心任务。

第四，坚持经济、政治、文化、社会、生态文明建设"五位一体"全面发展，这是工作总布局。

第五，强调全面深化改革开放是发展的强大动力，创新是引领发展的第一动力，这是发展的动力。

第六，坚持全面依法治国，建设社会主义法治国家，这是国家长治久安的法治保证。

第七，形成社会主义核心价值观，做好意识形态工作这一极端重要的工作，这是改革发展稳定的思想保证。

第八，在深化军队改革中加强国防建设，维护祖国统一，这是国家安全保证。

第九，坚持走中国和平发展道路和促进世界和平，这是重要的国际环境保证。

第十，坚持全面从严治党，惩治腐败和密切党群关系，增强党的领导和执政能力，这是根本的政治保证。

这十个主要思想，前五个讲的是治国理政的纲领和目标任务、动力，后五个讲的是实现目标任务的保证，包括根本的政治保证、法治保证、思想保证、安全保证和国际环境保证。这就是我们今天之所以有信心战胜各种困难和挑战的主心骨。

总之，我们要联系十八大以来党在治国理政实践中的进展和成就，联系我们自己的工作实践和体会，认真学习好习近平总书记的系列重要讲话，深刻领会十八大以来形成的中国特色社会主义最新的理论成果。

（摘自人民论坛网 2016 年 3 月 24 日）

探索强化党内监督的有效途径

邵景均

作者简介：邵景均，中共中央纪律检查委员会研究室研究员，北京市中国特色社会主义理论体系研究中心特约研究员，国务院批准的政府特殊津贴获得者，全国哲学社会科学规划学科评议组成员，中央组织部特约评论员，《人民日报》特约高级编辑，国家行政学院、湖南大学、青岛大学兼职教授，《中国行政管理》杂志特约撰稿人，中国行政管理学会常务理事，中国领导科学研究会学术委员会副主任，中国中共文献研究会理事、毛泽东思想生平研究分会常务理事。曾获"山东省十佳理论工作者""中央纪委机关优秀共产党员"荣誉称号。

对于从严治党来说，不论是纪律建设、作风建设，还是反腐败斗争，都离不开有效的党内监督。怎样才能更好强化党内监督？习近平同志在十八届中央纪委六次全会上的重要讲话对此作了系统阐述。认真学习、深刻理解和全面贯彻这一重要讲话精神，对于创新党内监督体制机制、正确开展和强化党内监督具有重大意义。

强化党内监督，必须坚持、完善、落实民主集中制

强化党内监督，为什么要强调民主集中制？这是因为，制度更带有根本性、全局性、稳定性和长期性。民主集中制是党的根本组织原则和领导制度，是强化党内监督的关键抓手。历史经验证明：什么时候民主集中制坚持得好，党内监督就有力量、有成效，我们党就风清气正、充满生机活力，党的事业就蓬勃发展；什么时候民主集中制遭到破坏，党内监督就无力、无效，党内矛盾和问题就会滋生蔓延，党的风气就会受到损害，党的事业就会遭遇挫折。当前，党内民主不够和党内集中不够的问题在一些地方和单位还不同程度存在：有的基层党组织软弱涣散，我行我素、各行其是，党的路线方针政策和重大决策部署落实不到位；有的一把手独断专行，搞家长制、"一言堂"，个人凌驾于组织之上，权力得不到合理制约。对此，必须从坚持、完善、落实民主集中制入手，既加强党内民主，使大家在党内充分发表意见，使那些不正确的说法、做法受到批评和抵制；又加强党内集中，确保民主基础上的正确意见得到公认、成为主流。坚持民主集中制，是保持党的创造力、凝聚力、战斗力的重要法宝。有了这个法宝，强化党内监督就有了坚实的制度支撑。

完善监督制度，做好监督体系顶层设计

党是执政党，从严治党是在党执政的实践中进行的。这决
监督不仅仅是党内的事，必须从党和国家大局出发，做好
顶层设计。2015年，党中央坚持依规治党，扎紧制度笼子，
布了《中国共产党巡视工作条例》《中国共产党廉洁自律准
国共产党纪律处分条例》，为全面从严治党提供了制度利器。
党为公、执政为民的高度看待党内监督，应进一步完善监
既加强党的自我监督，又加强对国家机器的监督，把党内
家监察、群众监督结合起来，同法律监督、民主监督等协
形成监督合力，推进国家治理体系和治理能力现代化。当
新形势新要求，应重点修订完善党内监督条例，研究修改
法，健全国家监察组织架构，形成全面覆盖国家机关及公
家监察体系，使党内监督和国家监察相互配套、相互促进。

整合问责制度，健全问责机制

党内监督，必须强化责任界定和责任追究。责任不清，监
根据。中国共产党是富有历史责任感的政党，始终强调
任是向人民负责"。党的十八大以来，我们党一再申明
责、有责要担当、失职必追究。各级党组织在问责方面查
面典型，取得了一些经验。当前的问题是，监督主体比
监督责任不够清晰，监督制度的操作性和实效性还不强；
等行政问责多，抓管党治党不力问责少；问责规定零散，
。因此，必须整合问责制度、健全问责机制，坚持有责
必严。可考虑制定党内问责条例，让失责必问成为常态。
、目标考核、责任追究有机结合起来，实现问责内容、
、主体、程序、方式的制度化、程序化。有了健全的问
制，坚持从严治党、强化党内监督就有了可靠抓手。

强化巡视监督，推动巡视向纵深发展

党的十八大以来，中央巡视组开展了 8 轮巡视，巡视了 100 多个地区和单位，实现了对地方和中管央企的全覆盖。以巡视监督为尖兵的党内监督和纪律审查工作持续发力，一大批"老虎""苍蝇"被绳之以法。如今，巡视发现问题的能力越来越强，震慑作用越来越大，基本做到了全覆盖、全国一盘棋，发挥了震慑、遏制和治本作用。巡视工作的力度、强度、效果大幅提升，成为党风廉政建设和反腐败斗争的重要平台，是党内监督和群众监督相结合的重要方式，是上级党组织对下级党组织监督的重要手段，为全面从严治党提供了有力支撑。现在和未来一个时期，应按照党中央的要求和部署，继续落实巡视工作条例，向全覆盖目标迈进。巡视内容要更加聚焦，坚持对党组织和党员领导干部的巡视，坚持政治巡视而不是业务巡视。紧紧围绕坚持党的领导，严格遵循党章，检查党的路线方针政策执行情况，着力发现违反政治纪律和政治规矩、违反中央八项规定精神、违规选人用人和腐败问题，更好发挥震慑、遏制和治本作用。创新巡视方式，坚持以纪律为尺子，深化专项巡视，紧盯重点人、重点事和重点问题，精准发现，定点突破。被巡视党组织要不折不扣地落实整改主体责任，做到件件有着落、事事有交代，挖出深层原因，堵塞制度漏洞。

用好批评和自我批评这个武器，让批评和自我批评成为每个党员、干部的必修课

积极开展批评和自我批评是我们党的优良传统，是加强党内监督的有效途径。党的十八大以来，党内政治生活更加健全。中央政治局召开民主生活会，进行党性分析，开展批评和自我批评，以身作则、率先垂范，为全党作出了表率。就全党来看，批评和自我批评还没有充分开展起来。在一些地方和单位，自我批评难，相互批

的背后是为人情所困，为利益所惑；怕结怨树敌，怕引
心杂念作怪，缺乏党性和担当。在这方面，全党必须向
首先，提高思想认识，认清开展批评和自我批评是为了
尘和政治微生物侵袭。及时发现、指出和纠正干部存在
促进党组织健康发展和党员干部健康成长的重要保证。
把批评和自我批评作为每个党员、干部的必修课。上级
导、多帮助，下级多学习、多实践。开展批评和自我批
题导向，对照检查，认真整改；自我批评要开门见山、
对存在的问题、产生的原因，往细处深处挖；相互批评
、抓住实质，直接提意见，防止"犹抱琵琶半遮面"。只
，批评和自我批评就能充分开展起来，成为新时期坚持
强化党内监督的重要法宝。

住"关键少数"，破解一把手监督难题

，上有所好，下必甚焉。领导班子特别是一把手能不能
接受和执行党内监督，对党内监督的强化有着至关重要
，从多年查处案件情况看，一把手违纪违法易产生催化、
甚至造成区域性、系统性、塌方式腐败。一把手是"关
的"关键少数"，习近平提出要破解一把手监督难题，可
要害。加强对一把手的监督，首先要在观念上解决好
是害"的问题。实行严格的党内监督，是对一把手爱
维护的体现。其次，上级党组织要加强对下级一把手的
性制度管住一把手，保证其正确用权、廉洁用权。上级
级一把手作为监督重点，发现问题线索及时处理。同级
向上级纪委报告同级领导班子成员特别是一把手落实主
行民主集中制、廉洁自律等情况。再次，发扬党内民主，
的监督，盯好"关键少数"，加大对各级各部门一把手

　　纪委是党内监督的专门机关，是管党治党、党内监督的重要力量。新形势下，各级纪委应在全面从严治党中找准职责定位，强化监督执纪问责，全面履行党章赋予的神圣职责。要切实查处违反党章和党内法规的行为，坚持有纪必依、执纪必严、违纪必究；把纪律挺在前面，抓早抓小，坚持理想信念宗旨高标准；做到查处违纪问题坚持零容忍的态度不变、严厉惩处的尺度不松，发现一起查处一起，发现多少查处多少，不定指标，上不封顶，让那些想违纪的人断了念头、违了纪的人付出代价。只要党委严格履行主体责任、纪委严格履行监督责任，就一定能有效强化党内监督，实现全面从严治党的历史使命。

（摘编自《人民日报》2016 年 2 月 5 日 ）

引领中国发展全局的五大发展理念

施芝鸿

作者简介：施芝鸿，全国政协社会和法制委员会副主任、中央政策研究室原副主任。

理论上和实践上都有新突破的"创新、协调、绿色、开放、共享"这五大发展理念，是十八届五中全会关于"十三五"规划建议（以下简称《建议》）的最大思想亮点，是贯穿《建议》全篇的一条思想红线，也是《建议》谋篇布局的鲜明逻辑线索。可以预期，具有战略性、纲领性、引领性的五大发展理念，必将成为引领"十三五"时期我国发展全局、更加有效应对各种风险和挑战、不断开拓我国发展新境界的根本思想保证。

五大发展理念是在全面建成小康社会决胜阶段为解决我国发展中的突出矛盾和问题应运而生的，集中反映了我们党对我国经济社会发展规律认识的深化

"创新、协调、绿色、开放、共享"这五大发展理念，同引领我国经济发展新常态相适应，同实现"十三五"时期全面建成小康社会新的目标要求相契合，同人民群众热切期盼在发展中有更多获得感的新期待相呼应，是对我国改革开放 30 多年来发展经验的深刻总结，也是对我国发展理论的又一次重大创新。

第一，五大发展理念深刻体现了中国经济社会发展的规律性。党的十六大以来，我们党团结带领全国各族人民为实现全面建成小康社会奋斗目标已接续奋斗了 13 年。在这个过程中形成的"三个代表"重要思想、科学发展观和"四个全面"战略布局，都是对我国经济社会发展规律正确认识和把握的产物。特别是"四个全面"战略布局，揭示了全面建成小康社会必须由全面深化改革来提

供动力、激发活力，必须由全面依法治国来提供引领、规范、保障作用，必须由全面从严治党来提供政治、思想、组织、制度、作风保证。十八届五中全会提出的五大发展理念，进一步完善了对我国发展规律的认识。其中，创新发展揭示了如何激发新的发展动力问题，协调发展揭示了如何解决发展不平衡问题，绿色发展揭示了如何解决人与自然和谐问题，开放发展揭示了如何解决内外联动问题，共享发展揭示了如何解决社会公平正义问题。完全可以说，同十六大报告刚刚提出全面建设小康社会时相比，现在我们党对全面建成小康社会规律的认识，比那时深刻得多了、经验也丰富得多了。

发展理念是发展行动的先导。发展理念的转变，有利于引领发展思路、发展方向、发展方式的转变。改革开放以来，我们党在不断解放思想、转变观念过程中，持续推动了各方面理念特别是发展理念的突破和进步。比如，党的十六届四中全会提出了科学执政、民主执政、依法执政三大执政理念；十八大以后，我们党从提出包容性增长理念，尊重自然、顺应自然、保护自然的生态文明理念，保护生态环境就是保护生产力、改善生态环境就是发展生产力的理念，尊重自然、顺应自然、天人合一的理念，共同、综合、合作、可持续安全的理念，共商共建共享的全球治理理念，到十八届五中全会提出的创新发展、协调发展、绿色发展、开放发展、共享发展这五大发展理念，都是对共产党执政规律、社会主义建设规律、人类社会发展规律的深刻认识和自觉把握的体现，都有利于为"十三五"时期我国经济社会持续健康发展指好道、领好航。

第二，五大发展理念鲜明体现了对经济发展新常态的引领性。

"十三五"规划是我国经济发展进入新常态后的第一个五年规划。《建议》和习近平总书记对《建议》的说明，深刻阐明了新常态下我国经济社会发展的一系列阶段性特征：首先是新常态下，经济发展呈现速度变化、结构优化、动力转换这三个新的特征；其次是新常态下，增长速度要从高速转向中高速，发展方式要从规模速度型转向质量效益型，经济结构调整要从增量扩能为主转向调整存量、做优增量并举，发展动力要从主要依靠资源和低成本劳动力等要素投入转向创新驱动这"四个战略转变"；更重要的是，国际金融危机发生以来不断变化的世情国情，使新常态下我国发展的重要战略机遇期，由原来加快发展速度的机遇转变为加快经济发展方式转变的机遇，由原来规模快速扩张的机遇转变为提高发展质量和效益的机遇。

为主动适应和积极引领经济发展新常态，我们必须以变应变，做到变中求新、变中求进、变中突破，走出一条质量更高、效益更好、结构更优、优势充分释放的发展新路。这就必须按照《建议》，从过去较多利用世界经济较快增长加快自身发展，转变为更多依靠内生动力实现发展；从过去较多利用国际市场扩张增加出口，转变为更多依靠扩大内需带动经济增长；从过去较多利用经济全球化深入发展和原有比较优势的条件推动发展，转变为加快从要素驱动转向创新驱动；从过去较多利用原有规则招商引资、促进发展，转变为积极参与全球经济治理、保护和扩大我国发展利益；从我国集中力量发展经济的国际环境发生深刻变化的实际出发，统筹国际国内事务，统筹政治、经济、外交等各方面工作。

以上这些，就是《建议》提出"创新、协调、绿色、开放、共享"这五大发展理念的深刻历史背景，是保持战略定力，坚持稳中求进，以新理念、新思路、新举措，加快形成引领经济发展新常态的体制机制和发展方式，着力把经济发展新常态变为经济发展新强态的必然选择。

第三，五大发展理念突出体现了应对发展新矛盾新挑战的现实针对性。

"十二五"时期，在错综复杂的国际环境和艰巨繁重的国内改革发展稳定任务面前，我们党团结带领全国各族人民，妥善应对国际金融危机持续影响等一系列重大风险挑战，奋力开创了党和国家事业发展新局面，使我国经济实力、科技实力、国防实力、国际影响力又上了一个大台阶。同时，《建议》也明确提出，我国发展不平衡、不协调、不可持续的问题仍很突出，主要是发展方式粗放，创新能力不强，部分行业产能过剩严重，企业效益下滑，重大安全事故频发；城乡区域发展不平衡；资源约束趋紧，生态环境恶化趋势尚未得到根本扭转；基本公共服务供给不足，收入差距较大，人口老龄化加快，消除贫困任务艰巨；人们文明素质和社会文明程度有待提高；法治建设有待加强，领导干部思想作风和能力水平有待提高，党员、干部先锋模范作用有待强化。五中全会作出的总体判断是：我国发展仍处于可以大有作为的重要战略机遇期，同时"十三五"时期也面临诸多矛盾叠加、风险隐患增多的严峻挑战，因此，这个时期也可能是我国发展面临的各方面风险不断积累甚至集中显露的时期。

邓小平同志说过："过去我们讲先发展起来。现在看，发展起来以后的问题不比不发展时少。"在新形势下，如果我们对发展起来以后出现的问题不及时化解，各种矛盾不妥为处理，特别是如果对利益关系协调不好，就有可能导致问题激化。所以，《建议》提出的"创新、协调、绿色、开放、共享"这五大发展理念，也是针对应对风险、化解挑战提出来的。只要全党同志普遍增强忧患意识、责任意识，提高统一贯彻五大发展理念的能力和水平、增强风险防控意识和能力，用新的发展理念引领发展行动，就能驾驭好世界第二大经济体，在更加有效地应对、化解各种风险和挑战中，推进国家治理体系和治理能力现代化。

第四，五大发展理念集中体现了补齐全面建成小康社会短板的紧迫性。

按照十八届五中全会的最新诠释，全面建成小康社会中的"小康"讲的是发展水平，"全面"讲的是发展的平衡性、协调性、可持续性，就是要求全面小康覆盖的领域要全面、覆盖的人口要全面、覆盖的区域也要全面。如果到 2020 年我国在经济发展总量和增长速度上完成了目标，但发展不平衡、不协调、不可持续问题更加严重，短板更加突出，就算不上真正实现了全面建成小康社会奋斗目标。补齐短板，是根据经济学中的"木桶理论"提出来的：一只木桶的装水容量，不是取决于木桶中最长的那块板，而是取决于最短的那块板。按照十八届五中全会的分析判断，全面建成小康社会的短板主要存在于社会事业发展、生态环境保护、民生保障等方面。特别是 7000 多万农村贫困人口生活水平没有明显提高，一些地方生态环境恶化，就是最突出的短板。《建议》提出"创新、协调、绿色、开放、共享"这五大发展理念，就是要动员全党在谋划"十三五"时期经济社会发展时，全力做好补齐短板这篇大文章，着力提高发展协调性和平衡性，否则"木桶效应"就会愈加显现，一系列社会矛盾就会不断加深。统一贯彻落实好"创新、协调、绿色、开放、共享"这五大发展理念，及时补齐短板，有助于正确处理发展中的重大关系、增强发展整体效能。

《建议》强调："坚持创新发展、协调发展、绿色发展、开放发展、共享发展，是关系我国发展全局的一场深刻变革。"所谓"深刻变革"，既是指发展思路、发展方向的变革，也是指发展方式、发展着力点的变革，更重要的是指发展体制机制的变革。在创新发展中，形成促进创新的体制架构，构建发展新体制，加快形成有利于创新发展的市场环境、产权制度、投融资体制、分配制度、人才培养引进使用体制，塑造更多依靠创新驱动、更多发挥先发优势的引领性发展；在协调发展中，塑造要素有序自由流动、主体功能约束有效、基本公共服务均等、资源环境可承载的区域协调发展新格局，不断增强发展整体性；在绿色发展中，形成人与自然和谐发展现代化建设新格局，构建科学合理的城市化格局、农业发展格局、生态安全格局、自然岸线格局；在开放发展中，发展更高层次的开放型经济，积极参与全球经济治理和公共产品供给，提高我国在全球经济治理中的制度性话语权，构建广泛的利益共同体；在共享发展中，对发展为了人民、发展依靠人民、发展成果由人民共享作出更有效的制度安排，实现全体人民共同迈入全面小康社会，这都是涉及观念变革、制度变革、发展方向和发展方式变革的重大战略举措。所以，按照《建议》要求，"充分认识这场变革的重大现实意义和深远历史意义，统一思想，协调行动，深化改革，开拓前进"，是完全必要、非常及时的。

五大发展理念作为改革开放以来我国发展经验的集中体现，是我们党的几代中央领导集体在新世纪以来接力推进全面建设小康社会进程中逐步酝酿、到五中全会正式形成的

《建议》首次明确提出的"创新、协调、绿色、开放、共享"这五大发展理念，并不是凭空得来的，是"十三五"乃至今后更长时期我国发展思路、发展方向、发展着力点的集中体现，也是改革开放30多年来我国发展经验的集中体现。这五大发展理念的逐步酝酿和明确提出，得益于新世纪以来我们党的几代中央领导集体一以贯之的实践探索和理论创新。

第一，我们党在新世纪之初和十六大以后全面建成小康社会的初期和中期阶段分别形成了五大发展理念的雏形。

1. 关于"创新"的理念。从新世纪之初到党的十六大，江泽民同志多次提出："创新是一个民族进步的灵魂，是一个国家兴旺发达的不竭动力，也是一个政党永葆生机的源泉。"他还强调："实践基础上的理论创新是社会发展和变革的先导。通过理论创新推动制度创新、科技创新、文化创新以及其他各方面的创新，不断在实践中探索前进，永不自满，永不懈怠，这是我们要长期坚持的治党治国

之道。"

党的十六大以后，胡锦涛同志强调："要始终把改革创新精神贯彻到治国理政各个环节"。他还提出："科学技术迅猛发展深刻改变着经济发展方式，创新成为解决人类面临的能源资源、生态环境、自然灾害、人口健康等全球性问题的重要途径，成为经济社会发展的主要驱动力"，并把"提高自主创新能力，建设创新型国家"视为"国家发展战略的核心"和"提高综合国力的关键"。为有效激发全社会创新意识和全民创新活力，胡锦涛还提出"人才强国"战略，强调要牢固树立人才资源是"第一资源"的观念，大力倡导敢于创新、勇于竞争和宽容失败的精神，坚持在创新实践中发现人才、在创新活动中培育人才、在创新事业中凝聚人才。

2. 关于"协调"的理念。1997 年 9 月，江泽民在党的十五大报告中提出：要"在优化经济结构、发展科学技术和提高对外开放水平等方面取得重大进展，真正走出一条速度较快、效益较好、整体素质不断提高的经济协调发展的路子。"

胡锦涛在党的十七大和十八大报告中指出，"全面协调可持续"是科学发展观的基本要求，"要按照中国特色社会主义事业总体布局，全面推进经济建设、政治建设、文化建设、社会建设，促进现代化建设各个环节、各个方面相协调，促进生产关系与生产力、上层建筑与经济基础相协调。"

3. 关于"绿色"的理念。从 2004 年到 2010 年，胡锦涛在有关讲话中先后提出：要"研究绿色国民经济核算方法，探索将发展过程中的资源消耗、环境损失和环境效益纳入经济发展水平的评价体系"；要"提倡绿色生产方式、生活方式、消费方式"；要"发展循环经济，建设资源节约型、环境友好型社会"。他还强调："绿色发展，就是要发展环境友好型产业，降低能耗和物耗，保护和修复生态环境，发展循环经济和低碳技术，使经济社会发展与自然相协调。"

4. 关于"开放"的理念。最早出现在邓小平的有关论述中。他指出："现在的世界是开放的世界""中国的发展离不开世界"。邓小平还作出了实行对外开放的重大决策。新世纪之初，江泽民进一步强调，要适应经济全球化趋势的发展和我国加入世界贸易组织的新形势，实施"引进来"和"走出去"相结合的对外开放战略，以更加积极的姿态走向世界。他还指出："引进来"和"走出去"，是我们对外开放方针两个紧密联系、相互促进的方面，是"对外开放的两个轮子，必须同时转动起来"。

胡锦涛在党的十八大报告中强调，要"实行更加积极主动的开放战略，完善互利共赢、多元平衡、安全高效的开放型经济体系。""创新开放模式，促进沿海内陆沿边开放优势互补，形成引领国际经济合作和竞争的开放区域，培育带动区域发展的开放高地。""坚持出口和进口并重，加快走出去步伐，增强企业国际化经营能力，培育一批世界水平的跨国公司。""统筹双边、多边、区域次区域开放合作，加快实施自由贸易区战略，推动同周边国家互联互通。"

5.关于"共享"的理念。1997年9月，江泽民在党的十五大报告中阐述"建设有中国特色社会主义的经济"的内涵和要求时提出：要"保证国民经济持续快速健康发展，人民共享经济繁荣成果"。

党的十六大以后，胡锦涛指出，构建社会主义和谐社会，要坚持"共同建设、共同享有"的原则，形成"社会和谐人人有责、和谐社会人人共享"的局面。他在阐述科学发展观核心立场时强调：要"始终把实现好、维护好、发展好最广大人民根本利益作为党和国家一切工作的出发点和落脚点，尊重人民首创精神，保障人民各项权益，不断在实现发展成果由人民共享、促进人的全面发展上取得新成效"。

第二，习近平在从党的十八大到十八届五中全会这3年治国理政实践中，分别提出和集中提出了五大发展理念。

党的十八大以后，习近平在不同场合分别提出了开放的发展、合作的发展、共赢的发展，以及包容的发展、公平的发展、全面的发展等重要理念，还分别提出了创新发展、协调发展、绿色发展、开放发展、共享发展的新理念。

关于"创新发展"。2012 年 12 月，习近平在广东考察工作时明确指出："国家的强盛，归根结底必须依靠人才。我国要走创新发展之路，必须高度重视创新人才的聚集，择天下之英才而育之。"一年之后，他又在中央政治局会议上提出：要"把改革贯穿于经济社会发展各个领域各个环节，以改革促创新发展"。他还郑重提议：把"促进经济创新发展、改革与增长"作为 2014 年亚太经合组织会议的重点议题。

关于"协调发展"。2014 年 12 月，习近平在中央经济工作会议上的讲话中指出："要完善区域政策，促进各地区协调发展、协同发展、共同发展。"2015 年 4 月，他在中央政治局第二十二次集体学习时的讲话中强调："要继续推进新农村建设，使之与新型城镇化协调发展、互惠一体，形成双轮驱动。"2015 年 7 月，他在中央政治局会议上的讲话中还提出："要坚持把改善民生、凝聚人心作为经济社会发展的出发点和落脚点""推进经济社会协调发展、走向全面小康"。

关于"绿色发展"。2013 年 4 月，习近平同出席博鳌亚洲论坛 2013 年年会的中外企业家代表座谈时指出："要牢固树立尊重自然、顺应自然、保护自然的意识，坚持走绿色、低碳、循环、可持续发展之路。"2013 年 12 月，他又在中央城镇化工作会议上的讲话中强调："要坚持生态文明，着力推进绿色发展、循环发展、低碳发展，尽可能减少对自然的干扰和损害，节约集约利用土地、水、能源等资源。"

关于"开放发展"。2013 年 10 月，习近平在亚太经合组织领导人会议上的讲话中提出，要"推动形成亚太地区政策协调、增长联动、利益融合的开放发展格局。”2014 年 11 月，他在中央财经领导小组第八次会议上强调：“经过 30 多年的改革开放，我国经济正在实行从引进来到引进来和走出去并重的重大转变，已经出现了市场、资源能源、投资‘三头’对外深度融合的新局面。只有坚持对外开放，深度融入世界经济，才能实现可持续发展。”2015 年 10 月，他在中央政治局第二十七次集体学习时指出：“全球治理体制变革正处在历史转折点上”，要“推动全球治理体制向着更加公正合理方向发展，为我国发展和世界和平创造更加有利的条件”。

关于“共享发展”。2013 年 3 月，习近平在阐述中国梦内涵时提出：“中国梦归根到底是人民的梦”“生活在我们伟大祖国和伟大时代的中国人民，共同享有人生出彩的机会，共同享有梦想成真的机会，共同享有同祖国和时代一起成长与进步的机会。”2014 年 9 月，他在印度世界事务委员会的演讲中指出：“中国视周边为安身立命之所、发展繁荣之基。我们提出了亲、诚、惠、容的周边外交理念，就是要诚心诚意同邻居相处，一心一意共谋发展，携手把合作的蛋糕做大，共享发展成果。”2015 年 4 月，他在巴基斯坦议会的演讲中强调：“中国提出建设丝绸之路经济带和 21 世纪海上丝绸之路倡议，是在新形势下扩大全方位开放的重要举措，也是要致力于使更多国家共享发展机遇和成果。”

五大发展理念进一步完善了新一届中央领导集体治国理政的总思路总布局

党的十八大以来短短 3 年时间，以习近平为总书记的党中央在治国理政实践中提出许多新思想新观点新论断新要求，为党和国家，也为各行各业的工作在新的历史起点上实现新发展新突破，提供了科学的指南和基本的遵循。

根据我的学习理解和系统梳理，可以把党的十八大以来党中央治国理政的总思路通俗地、形象地概括为"一二三四五，上山打老虎，引领新常态，为民造新福"这四句话。

所谓"一二三四五"，就是"一个中国梦""两个一百年""三大发展战略""四个全面"战略布局、"第五个现代化"和五大发展理念。

"一个中国梦"，就是实现中华民族伟大复兴的中国梦，这是亿万中国人民对国家富强、民族振兴、人民幸福的共同愿望和美好憧憬。我们党提出中国梦，归根到底是要让 13 亿中国人民都过上更加幸福美好的生活。

"两个一百年"，就是在 21 世纪上半叶实现中华民族伟大复兴的中国梦要分两步走：第一步是在中国共产党成立一百年时全面建成小康社会；第二步是在新中国成立一百年时建成富强民主文明和谐的社会主义现代化国家。

"三大发展战略"，就是"一带一路"建设、京津冀协同发展、长江经济带建设这"三大发展战略"，这是推动新的历史起点上我国区域经济协调发展的三大支撑带。

"四个全面"战略布局，就是全面建成小康社会、全面深化改革、全面依法治国、全面从严治党。党中央在我国已进入全面建成小康社会决胜阶段提出"四个全面"战略布局，就是要从目标、动力、保障、保证四位一体的角度，确保全面建成小康社会奋斗目标到 2020 年如期实现。

"第五个现代化"，就是推进国家治理体系和治理能力现代化，这是我们党继工业、农业、国防、科技现代化之后提出的第五个现代化，就是要求各级各类干部都要以专业的思想、专业的素养、专业的方法，提高科学决策能力，确保制定的重大战略、出台的重要政策符合客观规律。

五大发展理念，就是"创新、协调、绿色、开放、共享"。牢固树立这五大发展理念，是为了完善发展理念，破解发展难题，厚植发展优势，实现“十三五”时期发展目标。党中央要求统一贯彻这五大发展理念，不能顾此失彼，也不能相互替代。比如，五中全会《建议》在强调“坚持以经济建设为中心”的同时，强调“坚持以提高发展质量和效益为中心”“坚持以人民为中心的发展思想”。把这“三个为中心”并提，不是要改掉以经济建设为中心，而是要把提高发展质量和效益、增进人民福祉和促进人的全面发展作为发展的出发点和落脚点，这正是新的发展理念的新意所在。

所谓“上山打老虎”，就是十八大以来，以习近平同志为总书记的党中央坚持党要管党、从严治党，为切实解决党自身存在的突出问题，而深入开展的反“四风”、反腐败斗争。我们党对“四风”的严厉整顿，对裸官的系统性清理，对腐败的零容忍惩治，对境外逃犯的不懈追捕，这一系列既“打虎”又“拍蝇”还“猎狐”的雷霆反腐行动，赢得人民群众的拥护和点赞，体现了我们党“开弓没有回头箭”，始终保持反腐败高压态势、始终保持反腐败永远在路上的政治勇气和坚定决心。

所谓“引领新常态”，就是在增长速度换挡期、结构调整阵痛期、前期刺激政策消化期这“三期叠加”的新阶段，按照适应新常态、把握新常态、引领新常态的大逻辑引领我国发展全局，实现经济中高速增长、迈向中高端水平。

所谓“为民造新福”，就是按照人人参与、人人尽力、人人享有的要求，坚守底线、突出重点、完善制度、引导预期，注重机会公平，保障基本民生；增加公共服务供给，实施脱贫攻坚工程，提高教育质量，促进就业创业，缩小收入差距，建立更加公平更可持续的社会保障制度，推进健康中国建设，促进人口均衡发展，让人民群众在共建共享中有更多获得感，朝着共同富裕方向稳步前进。

总之，对五大发展理念“是关系我国发展全局的一场深刻变革”，以及对五大发展理念所体现的“目标导向和问题导向相统一”“立足国内和全球视野相统筹”“全面规划和突出重点相协调”“战略性和操作性相结合"这四大方法论原则，我们都应该知其然，也知其所以然，不断提高贯彻落实的自觉性坚定性，使五大发展理念对我国发展全局真正起到关键引领作用、战略指导作用、有力促进作用。

（摘自《北京日报》2015 年 11 月 17 日）

创新当代中国马克思主义政治经济学

顾海良

作者简介：顾海良，教育部社会科学委员会副主任、党组成员、国家教育行政学院院长。

习近平同志在主持中央政治局第二十八次集体学习时强调，要立足我国国情和我国发展实践，不断开拓当代中国马克思主义政治经济学新境界。这一论述进一步突出了创新当代中国马克思主义政治经济学的重要意义，对发展21世纪中国马克思主义提出了新要求。

马克思主义政治经济学是与时俱进的科学理论

政治经济学是马克思主义的重要组成部分。恩格斯认为，无产阶级政党的"全部理论来自对政治经济学的研究"；列宁也认为，"马克思的理论得到最深刻、最全面、最详尽的证明和运用的是他的经济学说"。习近平同志指出："马克思主义政治经济学是马克思主义的重要组成部分，也是我们坚持和发展马克思主义的必修课。"这是对马克思主义政治经济学理论地位与当代价值的新阐述。

在我国革命、建设和改革的各个时期，中国共产党坚持把马克思主义政治经济学基本原理同我国具体实际和时代特征相结合，形成了中国化的马克思主义政治经济学。中国共产党在新民主主义时期创造性地提出了新民主主义经济纲领；在探索社会主义建设道路过程中对发展我国经济提出了独创性观点，如提出社会主义社会的基本矛盾理论，提出统筹兼顾、注意综合平衡，以农业为基础、工业为主导、农轻重协调发展等重要观点。这些理论成为毛泽东思想的重要组成部分，成为马克思主义中国化的显著成果。改革开放新时期，我们党把马克思主义政治经济学基本原理同我国经济发展新实践结合起来，不断丰富和发展马克思主义政治经济学，提出了当代中国马克思主义政治经济学的一系列重要理论。如关于社会主义本质的理论，关于社会主义初级阶段基本经济制度的理论，关于树立和落实创新、协调、绿色、开放、共享的发展理念的理论，关于发展社会主义市场经济、使市场在资源配置中起决定性作用和更好发挥政府作用的理论，关于我国经济发展进入新常态的理论，关于推动新型工业化、信息化、城镇化、农业现代化相互协调的理论，关于用好国际国内两个市场、两种资源的理论，关于促进社会公平正义、逐步实现全体人民共同富裕的理论，等等。这些理论成果不仅有力地指导了我国经济发展实践，而且开辟了马克思主义政治经济学新境界。

马克思主义政治经济学是与时俱进的科学理论。当前，面对经济全球化的深入发展，面对国内纷繁多样的经济现象，政治经济学承担的时代课题更加突出、更加繁重。我们要提高理论自信和理论自觉，学好用好马克思主义政治经济学基本原理和方法论，使之更有利于我们掌握科学的经济分析方法、认识经济运行过程、把握经济社会发展规律，提高驾驭社会主义市场经济能力，更好回答我国经济发展的理论和实践问题，提高我国经济发展的能力和水平。

当代中国马克思主义政治经济学的新篇章

改革开放以来，在经济体制改革特别是在建立和发展社会主义市场经济实践中，我们党不断丰富和发展马克思主义政治经济学，形成了当代中国马克思主义政治经济学的许多重要理论成果。比如，1984 年党的十二届三中全会通过的《中共中央关于经济体制改革的决定》提出“社会主义经济是公有制基础上的有计划的商品经济”，这是适合当时我国经济体制改革实际的，也是马克思主义政治经济学的“新话”。邓小平同志对此作出过高度评价。经过 30 多年的发展，中国共产党撰写的政治经济学“初稿”日臻完善。党的十八大以来，党中央高度重视“学好用好政治经济学”，续写了当代中国马克思主义政治经济学的新篇章。

党的十八大以来，我们党按照贯彻实施"五位一体"总体布局和"四个全面"战略布局的要求，以实现全面建成小康社会为战略目标，在深刻理解和把握当代中国经济关系发展的趋势性变化和阶段性特征、深刻理解和把握当代国际经济关系变化发展的特点和趋势中引领经济发展新常态，继续保持经济持续平稳发展，当代中国马克思主义政治经济学得到多方面的新拓展。

发展理念的新拓展。当代中国马克思主义政治经济学坚持以人民为中心的根本立场，坚持把增进人民福祉、促进人的全面发展、朝着共同富裕方向稳步前进作为经济发展的出发点和落脚点部署经济工作、制定经济政策、推动经济发展。党的十八届五中全会提出的创新、协调、绿色、开放、共享五大发展理念，是对新中国成立以来特别是改革开放以来经济发展实践的总结，是对经济发展中获得的感性认识的升华，是不断破解经济发展难题、引领和推动我国经济发展、开创经济发展新局面的重要思想武器。

社会主义经济制度的新完善。当代中国马克思主义政治经济学提出，要坚持和完善社会主义基本经济制度，毫不动摇巩固和发展公有制经济，毫不动摇鼓励、支持、引导非公有制经济发展，推动各种所有制取长补短、相互促进、共同发展，坚持公有制主体地位不动摇、国有经济主导作用不动摇；在基本分配制度上，进一步提出努力推动居民收入增长和经济增长同步、劳动报酬提高和劳动生产率提高同步，不断健全体制机制和具体政策，调整国民收入分配格局，持续增加城乡居民收入，不断缩小收入差距。

社会主义经济体制改革的新推进。当代中国马克思主义政治经济学提出，坚持社会主义市场经济改革方向，坚持辩证法、两点论，继续在社会主义基本制度与市场经济的结合上作出新的理论探索。在坚持对外开放基本国策上，提出统筹国际国内两个大局，利用好国际国内两个市场、两种资源，发展更高层次的开放型经济，积极参与全球经济治理，同时坚决维护我国发展利益，积极防范各种风险，确保国家经济安全等一系列理论观点。

当代中国马克思主义政治经济学不仅开拓了马克思主义政治经济学研究的视野，彰显了马克思主义政治经济学的生命力，而且为中国特色社会主义注入新的活力，推动我国社会主义经济制度不断完善和发展，坚定了中国特色社会主义道路自信、理论自信、制度自信。

为丰富和发展当代中国马克思主义政治经济学作出新贡献

当代中国马克思主义政治经济学是马克思主义基本原理同当代中国实际相结合的产物，是中国共产党对当代马克思主义的新贡献。但也要清醒地认识到，我们对社会主义经济运行规律的认识和掌握还很不够，对当代世界经济发展趋势的理解也不全面。在经济建设和发展的新实践中，要揭示新特点新规律，勇于讲出"老祖宗"没有讲过的新话，提炼和总结我国经济发展实践的规律性成果，为丰富和发展当代中国马克思主义政治经济学作出新的贡献。

马克思主义经典著作蕴含和集中体现的马克思主义政治经济学基本原理和方法论，对今天我国发展社会主义市场经济、认识和把握当前国际经济关系的本质等仍然具有重要的指导意义。要从根本上把握马克思主义政治经济学的立场观点方法，从源头上加深对当代中国马克思主义政治经济学的理解，并在新的实践中有所发展、有所创新。

在当代中国马克思主义政治经济学的发展中，对于与马克思主义经济学"异样""异质"的经济学理论和思潮，要采取交流、交融、交锋的多种方式，既善于吸收和借鉴各种经济学理论的精华，又善于摒弃和批判其糟粕。改革开放以来的实践证明，我们不应妄自尊大，将外国的各种经济学说说得一无是处，拒绝加以研究和借鉴；也不应妄自菲薄，将其视为"信条"顶礼膜拜。国外的有些经济学说在研究和探索资本主义市场经济运行问题时阐明和积累了一些新知识，得出了有实际意义的经验和积极的理论成果。这些对于发展社会主义市场经济是有借鉴意义的，也是发展马克思主义政治经济学应给予关注的。但是，西方经济学在本质上是服务于资本主义经济制度的，代表资产阶级的利益，是资产阶级意识形态。马克思在《资本论》第一卷德文第一版问世时就表明，政治经济学中"涉及的人，只是经济范畴的人格化，是一定阶级关系和利益的承担者"。在高校经济学学科的教学和科研中，要坚持马克思主义政治经济学的主导地位，加强马克思主义政治经济学"必修课"建设，保证马克思主义政治经济学课程体系特别是当代中国马克思主义政治经济学课程成为高校经济学学科建设和发展的基础课程。

习近平同志指出："要立足我国国情和我国发展实践，揭示新特点新规律，提炼和总结我国经济发展实践的规律性成果，把实践经验上升为系统化的经济学说，不断开拓当代中国马克思主义政治经济学新境界。"我国经济发展进程波澜壮阔，成就举世瞩目，蕴藏着理论创造的巨大动力、活力、潜力。我们要立足我国国情和社会主义经济建设实践，深入研究世界经济和我国经济面临的新情况新问题，注重"把实践经验上升为系统化的经济学说"，在创新发展当代中国马克思主义政治经济学上下功夫，为马克思主义政治经济学创新发展贡献中国智慧。

（摘自《人民日报》2016 年 1 月 19 日）

牢牢把握全面建成小康社会"六个坚持"原则

夏春涛

作者简介：夏春涛，中国社会科学院中国特色社会主义理论体系研究中心专职副主任、博士生导师。享受国务院政府特殊津贴。

　　党的十八届五中全会明确指出，如期实现全面建成小康社会奋斗目标，推动经济社会持续健康发展，必须遵循以下原则：坚持人民主体地位，坚持科学发展，坚持深化改革，坚持依法治国，坚持统筹国内国际两个大局，坚持党的领导。"十三五"时期是全面建成小康社会的决胜阶段，"六个坚持"事关"四个全面"战略布局的协调推进，事关我国经济社会持续健康发展，事关社会主义现代化建设大局，必须牢牢把握，须臾不能动摇。

"六个坚持"是如期全面建成小康社会必须遵循的原则

　　如期全面建成小康社会，是"四个全面"战略布局中处于引领地位的战略目标，是实现中国梦的关键一步。实现这一奋斗目标，必须毫不动摇地遵循"六个坚持"原则。

　　"六个坚持"是科学总结我国发展经验得出的必然结论。坚持人民主体地位是由我们党的性质宗旨决定的，没有人民主体地位作用的发挥，就不可能有中国特色社会主义各项事业的巨大成就和持续发展。坚持科学发展是由我国基本国情和社会主要矛盾决定的，党的十八大把科学发展观写在党的旗帜上，科学发展理念日益深入人心，在实践中产生深刻影响。全面深化改革是全面建成小康社会的必由之路，改革开放是决定当代中国命运的关键抉择，是当代中国发展进步的活力之源，是党和人民事业大踏步赶上时代的重要法宝。全面依法治国是党领导人民治理国家的基本方略，是当代中国发展进步的重要标志，是确保党和国家长治久安的重要基石。坚持统筹国内国际两个大局，既是全方位对外开放的必然要求，也是促进经济持续健康发展的必然要求，既以加快改革发展积极应对外部环境变化，又以发展的重要战略机遇期加快改革发展步伐。党的领导是中国特色社会主义最本质的特征，是全面建成小康社会、实现中华民族伟大复兴中国梦的根本保证。新中国成立以来特别是改革开放以来我国发展经验证明，我们党之所以能带领人民战胜前进道路上的无数艰难险阻，迎来中华民族伟大复兴前所未有的光明前景，其根本原因就在于确立并坚持了这六条原则。我们要坚定正确方向，保持战略定力，就必须毫不动摇坚持这些被实践证明是行之有效、不可或缺的原则。

“六个坚持”是进行具有许多新的历史特点的伟大斗争的现实需要。我们党带领人民历尽艰辛开辟了中国特色社会主义道路，沿着这条道路把事业推向前进同样需要攻坚克难。从“十三五”时期的发展环境看，我国发展仍处于可以大有作为的重要战略机遇期，也面临诸多矛盾叠加、风险隐患增多的严峻挑战。概括地说，外部环境不稳定不确定因素增多，西方敌对势力遏制中国或使中国改弦易辙的图谋从未停止；国内发展不平衡、不协调、不可持续问题仍然突出，经济下行压力加大。唯有坚持党的领导、人民当家作主、依法治国有机统一，才能避免在发展方向上出现偏差，才能为经济社会发展提供有力保证；唯有坚持科学发展，坚持深化改革，坚持统筹国内国际两个大局，才能适应时代要求、符合发展规律，才能抓住机遇、有效应对挑战。党的十八大以来，我国发展之所以经受住考验，呈现新气象、取得新成就、创造新经验，正是因为以习近平同志为总书记的党中央牢牢把握和始终坚持这六条原则，并根据新形势新任务，揭示其新意义，赋予其新内涵，从而有力推动了事业发展。

“六个坚持”是按照新的目标要求和发展理念如期全面建成小康社会的必然要求。党的十八届五中全会提出了创新、协调、绿色、开放、共享“五大发展理念”，明确了全面建成小康社会新的目标要求，要点包括经济保持中高速增长，人民生活水平和质量普遍提高，国民素质和社会文明程度显著提高，生态环境质量总体改善，各方面制度更加成熟更加定型。要如期完成这些艰巨任务，把五大发展理念贯彻落实到发展实践中去，就必须坚持这六条原则。坚持人民主体地位关乎发展目的。人民是推动发展的根本力量，实现好维护好发展好最广大人民根本利益是发展的根本目的。没有人民的广泛参与和大力支持，一切都无从谈起。坚持科学发展关乎发展方式。发展是硬道理，发展必须是科学发展。倘若脱离国情、无视规律，包括不重视保护生态环境，发展就会走进死胡同。坚持深化改革关乎发展动力。改革是发展的强大动力，不深化改革，发展难题便无法破解，发展就会失去活力。坚持依法治国关乎发展保障。法治既是发展的可靠保障，也是社会文明程度的重要标尺。法治不完善、制度不完备，秩序与规范难以确立，经济社会就无法正常发展。坚持统筹国内国际两个大局关乎发展视野。作为世界第二大经济体，我国经济已深度融入世界经济，全方位对外开放是发展的必然要求。倘若缺乏战略思维和全球视野，不乘势而上，发展就会大受阻滞。坚持党的领导关乎发展方向。党的领导是中国特色社会主义制度的最大优势，是实现经济社会持续健康发展的根本政治保证。脱离党的领导，就会葬送大好发展局面。

深化认识、准确把握"六个坚持"原则的深刻内涵

"六个坚持"与"五大发展理念"密切相关，要结合起来领会，准确把握其深刻内涵。"六个坚持"是推动经济社会持续健康发展必须坚持的基本原则，"五大发展理念"是实现"十三五"时期发展目标必须树立的发展理念，它们都服务于全面建成小康社会的总目标。

坚持人民主体地位，就必须坚持以人民为中心的发展思想，把增进人民福祉、促进人的全面发展作为发展的出发点和落脚点，发展人民民主，维护社会公平正义，保障人民平等参与、平等发展权

利，充分调动人民的积极性、主动性、创造性。共享是中国特色社会主义的本质要求，共同富裕是中国特色社会主义的根本原则。要始终坚持发展为了人民、发展依靠人民、发展成果由人民共享，使就业、教育、文化、社保、医疗、住房等公共服务体系更加健全，努力缩小收入差距，尤其是要坚决打赢脱贫攻坚战，确保我国现行标准下农村贫困人口实现脱贫，贫困县全部摘帽，解决区域性整体贫困，实现全体人民共同迈入全面小康社会，朝着共同富裕方向稳步前进。

坚持科学发展，就必须坚持以经济建设为中心，从实际出发，把握发展新特征，加大结构性改革力度，加快转变经济发展方式，实现更高质量、更有效率、更加公平、更可持续的发展。协调是持续健康发展的内在要求，绿色是永续发展的必要条件和人民对美好生活追求的重要体现。要牢牢把握中国特色社会主义事业总体布局，正确处理发展中的重大关系，包括区域、城乡协调发展，物质文明与精神文明协调发展，经济建设与国防建设融合发展，不断增强发展整体性。要坚定走生产发展、生活富裕、生态良好的文明发展道路，着力改善生态环境，形成人与自然和谐发展的现代化建设新格局，推进美丽中国建设，为全球生态安全作出新贡献。

坚持深化改革，就必须按照完善和发展中国特色社会主义制度、推进国家治理体系和治理能力现代化的总目标，健全使市场在资源配置中起决定性作用和更好发挥政府作用的制度体系，以经济体制改革为重点，加快完善各方面体制机制，破除一切不利于科学发展的体制机制障碍，为发展提供持续动力。创新是引领发展的第一动力，停顿和倒退没有出路。要把创新摆在国家发展全局的核心位置，不断推进理论创新、制度创新、科技创新、文化创新等各方面创新，让创新贯穿党和国家一切工作，让创新在全社会蔚然成风。

坚持依法治国，就必须坚定不移走中国特色社会主义法治道路，加快建设中国特色社会主义法治体系，建设社会主义法治国家，推进科学立法、严格执法、公正司法、全民守法，加快建设法治经济和法治社会，把经济社会发展纳入法治轨道。厉行法治是发展社会主义市场经济的内在要求。要坚持依法执政，全面提高党依据宪法法律治国理政、依据党内法规管党治党的能力和水平，加强党对立法工作的领导，加强法治政府建设，深化司法体制改革，弘扬社会主义法治精神，增强人们的法治意识，在全社会形成良好的法治氛围和法治习惯。

坚持统筹国内国际两个大局，就必须坚持打开国门搞建设，既立足国内，充分运用我国资源、市场、制度等优势，又重视国内国际经济联动效应，积极应对外部环境变化，更好地利用两个市场、两种资源，推动互利共赢、共同发展。开放是国家繁荣发展的必由之路。要开创对外开放新局面，打造全面开放新格局，奉行互利共赢的开放战略，发展更高层次的开放型经济，包括推进"一带一路"建设；积极参与全球经济治理和公共产品供给，提高我国在全球经济治理中的制度性话语权，构建广泛的利益共同体。积极维护世界和平，为我国发展营造良好的外部环境。

坚持党的领导，就必须贯彻全面从严治党要求，着力加强和改善党的领导，不断提高党的执政能力和执政水平。各级党委必须深化对发展规律的认识，提高领导发展能力和水平，推进国家治理体系和治理能力现代化，更好推动经济社会发展。要从完善党领导经济社会发展工作体制机制、动员人民群众团结奋斗、加快建设人才强国、运用法治思维和法治方式推动发展、加强和创新社会治理、确保"十三五"规划建议的目标任务落到实处六个方面，加强和改善党的领导。要深入推进党风廉政建设和反腐败斗争，落实"三严三实"要求，严明党的纪律和规矩，落实党风廉政建设主体责任和监督责任，着力构建不敢腐、不能腐、不想腐的体制机制，努力实现干部清正、政府清廉、政治清明，为经济社会发展营造良好政治生态。

坚定信心，为如期全面建成小康社会共同奋斗

　　牢牢把握"六个坚持"，必须与协调推进"四个全面"战略布局紧密结合。党的十八大以来，以习近平同志为总书记的党中央紧紧围绕坚持和发展中国特色社会主义这一时代主题，提出并形成了一系列治国理政新思想新战略，为党和国家各项事业发展提供了科学理论指导和行动指南。"四个全面"战略布局是对党治国理政经验的科学总结和丰富发展，为坚持和发展中国特色社会主义确立了总体方略。贯彻落实党的十八届五中全会精神，确保"十三五"规划建议落到实处，必须坚持以全面深化改革作为强大动力，以全面依法治国作为可靠保障，以全面从严治党作为根本政治保证，奋力实现全面建成小康社会这一战略目标。"六个坚持"原则是一个有机整体，彼此紧密关联，缺一不可，统一于全面建成小康社会的伟大实践。

　　牢牢把握"六个坚持"，必须与当前我国经济社会发展实际紧密结合。要使两者相辅相成、相得益彰，妥善处理好以下几个关系。一是坚持目标导向和问题导向相统一，既稳扎稳打，满怀信心向既定目标迈进，又瞄准问题，着力破解发展难题。二是坚持立足国内和全球视野相统筹，既以新的发展理念推动发展，努力适应、把握和引领我国经济发展新常态，又放眼看世界，积极参与全球经济治理，着力实现合作共赢。三是坚持全面规划和突出重点相协调，既着眼于全面推进中国特色社会主义伟大事业和党的建设新的伟大工程，又聚焦突出问题和明显短板，在薄弱环节和滞后领域上多用力。四是坚持战略性和操作性相结合，既从战略与全局高度明确发展的指导思想、基本原则、目标要求、基本理念和重大举措，又重视针对性和可操作性，务必使具体的工作部署切合实际。

（摘自《求是》2016年第2期）

三

文化建设篇

　　坚持"两手抓、两手都要硬",坚持社会主义先进文化前进方向,坚持以人民为中心的工作导向,坚持把社会效益放在首位、社会效益和经济效益相统一,坚定文化自信,增强文化自觉,加快文化改革发展,加强社会主义精神文明建设,建设社会主义文化强国。

加快文化改革发展

雒树刚

作者简介：雒树刚，文化部党组书记、部长，中国思想政治工作研究会会长。

党的十八届五中全会通过的《中共中央关于制定国民经济和社会发展第十三个五年规划的建议》明确提出，"坚定文化自信，增强文化自觉，加快文化改革发展"。我们要认真学习贯彻党的十八届五中全会精神和习近平同志系列重要讲话精神，顺应时代发展潮流，增强改革创新意识，全面加强文化建设，激发全民族文化创造活力，为协调推进"四个全面"战略布局和实现中华民族伟大复兴的中国梦提供强大文化力量。

繁荣文化精品创作生产

优秀精神文化产品反映一个国家和民族的文化创造能力，是衡量和检验文化改革发展成效的根本标准。必须着力扶持优秀文化产品创作生产，加强文化人才培养，繁荣发展文学艺术、新闻出版、广播影视事业，推出更多传播当代中国价值观念、体现中华文化精神、反映中国人审美追求的精品力作。

坚持以社会主义核心价值观为引领。核心价值观是决定文化性质和方向的最深层要素，也是优秀精神文化产品的灵魂所在。要彰显社会主义核心价值观，聚焦实现中国梦的时代主题，突出思想内涵，诠释中国精神，展示家国情怀，建设中华民族共有精神家园。努力讴歌真善美、鞭挞假恶丑，传递向上向善的价值观，不断增强人们的道德判断力和道德荣誉感，不断丰富人们的精神世界。

推动思想性、艺术性、观赏性有机统一。艺术只有贯注思想、蕴涵精神，具备鲜明的个性和独特的风格，才能具有永恒的生命力和真正的价值，才能为人民群众所喜闻乐见。要坚持以人民为中心的创作导向，深入社会生活，贴近基层群众，创作出更多无愧于时代的优秀作品。鼓励艺术创新创造，提倡题材体裁多样，进一步释放文化创作潜力，不断提高作品原创能力，努力把深刻的思想内涵、丰富的知识信息与完美的艺术形式有机结合起来，增强作品的吸引力和感染力。

加强对文化产品创作生产的引导。深入实施文化精品创作工程，重点扶持重大革命和历史题材、现实题材、农村题材、少儿题材的创作生产，并加大推广力度。完善文化产品评价体系和激励机制，倡导积极健康的文艺批评，改革和规范文艺评奖工作，合理设置反映市场接受程度的发行量、收视率、票房收入等量化指标，确保始终把社会效益放在首位、实现社会效益和经济效益相统一。

传承弘扬中华优秀传统文化

中华文化是中华民族区别于其他民族的独特精神标识，是加快文化改革发展的宝贵资源。必须深入贯彻落实习近平同志关于推动中华优秀传统文化创造性转化和创新性发展的基本方针，对传统文化做到"扬弃继承、转化创新"，让中华优秀传统文化拥有更多的传承载体、传播渠道和传习人群，使中华民族最基本的文化基因与当代文化相适应、与现代社会相协调。

实施中华文化传承工程。坚持保护利用、普及弘扬并重，切实加大对中华优秀传统文化的保护、研究、普及力度。加强对中华优秀传统文化思想价值的挖掘，赋予其新的时代内涵。广泛开展中华优秀传统文化宣传普及，抓好中华文化经典选编和名家品读等重点项目。加强政策扶持和人才培养，振兴传统工艺。做好古代典籍文献整理、出版工作，全面推进修史修志，推进国家典籍资源数字化。探索用好用活历史文化瑰宝的途径办法，让收藏在博物馆里的文物、陈列在广阔大地上的遗产、书写在古籍里的文字都活起来。

全面加强文化遗产保护工作。坚持把保护文化遗产放到更为重要的位置，切实保护中华民族赖以生存发展的文化根基。加强国家重大文化遗产地、重点文物保护单位、历史文化名城名镇名村等保护，健全文物普查登记和安全管理制度，提高文物安全防范能力，引导规范民间收藏，推动文物由抢救性保护向预防性保护转变。建立完备的非物质文化遗产保护制度，对代表性传承人实施扶持计划，对具有一定市场前景的遗产项目实施生产性保护，加大西部地区和少数民族非物质文化遗产保护力度，统筹国家级文化生态保护区建设。

振兴和发展民族民间文化。坚持以广大农村和基层为重点，大力发展植根群众的民族民间文化。把传承弘扬优秀民族民间文化融入新型城镇化和新农村建设总体规划，发展有历史记忆、地域特色、民族特点的美丽城镇、美丽乡村。发挥传统节日的文化传承功能，广泛开展健康有益的民俗文化活动，打造一批民间文化艺术之乡。完善落实有关扶持政策，加强对民间文学、民俗文化、民间音乐舞蹈戏曲、少数民族史诗等的抢救，实施地方戏曲振兴工程，使优秀传统文化活起来、传下去。

推动基本公共文化服务标准化、均等化发展

构建现代公共文化服务体系，是保障人民群众基本文化权益、提高社会文明程度的重要制度设计，也是推动社会主义文化大发展大繁荣的必然要求。必须坚持政府主导、社会参与、共建共享，推动基本公共文化服务标准化、均等化，力争到"十三五"末，基本建立覆盖城乡、便捷高效、保基本、促公平的现代公共文化服务体系。

推进公共文化服务设施网络建设。设施网络是推进基本公共文化服务标准化、均等化的基础条件和基本载体。按照城乡人口发展和分布，合理规划建设各类公共文化设施，统筹建设集宣传文化、党员教育、科技普及、普法教育、体育健身等多功能于一体的基层

公共文化服务中心，配套建设群众文体活动场地。坚持设施建设和运行管理并重，深入推进国家公共文化服务体系示范区创建，健全公共文化设施运行管理和服务标准体系。积极探索"互联网＋公共文化服务"的有效模式，推进公共文化服务数字化网络化建设。

引导文化资源向城乡基层倾斜。公共文化服务的对象主要在城乡基层，难点和短板在老少边穷地区。坚持重心下移，着力加强农村和中西部地区公共文化服务体系建设，逐步缩小城乡文化发展差距。增加农村文化服务总量，拓展重大文化惠民项目服务"三农"内容，鼓励城市对农村进行文化帮扶。结合国家扶贫开发工作，编制和实施老少边穷地区公共文化服务体系建设发展规划纲要，加大资金、项目、政策倾斜力度。

创新公共文化服务方式。适度引入市场机制，促进公共文化服务提供主体和提供方式多元化。建立基层群众需求征集、服务评价反馈等方面机制，推行菜单式服务，开展群众满意度测评，使群众"要"文化和政府"送"文化更加匹配。深化公益性文化事业单位内部改革，推动图书馆、博物馆、文化馆、科技馆等组建理事会，完善治理结构，提高服务能力。加大政府购买服务力度，鼓励社会力量、社会资本提供公共文化服务。

推动文化产业成为国民经济支柱性产业

发展文化产业，是市场经济条件下满足人民多样化精神文化需求的重要途径，也是适应经济发展新常态、加快转变经济发展方式的重要举措。必须始终坚持把社会效益放在首位、社会效益和经济效益相统一，发展骨干文化企业和创意文化产业，培育新型文化业态，扩大和引导文化消费，努力构建结构合理、门类齐全、科技含量高、富有创意、竞争力强的现代文化产业体系。

推动文化产业结构优化升级。提高文化产业发展质量和效益，必须积极调整优化文化产业结构，走规模化集约化专业化的路子。

以文化内容创作生产传播为核心，做强做优做大宣传文化主业。加快培育骨干文化企业，推动跨地区跨行业跨所有制兼并重组，促进文化资源、要素向优质企业、优势产业门类集聚。大力推进文化科技创新，改造提升传统文化产业，积极抢占文化与科技、文化与金融、文化与相关产业融合发展的制高点。

完善现代文化市场体系。发挥市场在文化资源配置中的积极作用，必须加快建立统一开放、竞争有序、诚信守法、监管有力的现代文化市场体系。建立多层次文化产品和要素市场，促进文化资源在全国范围流动，打造综合性、专项性、区域性文化产品和服务交易平台，提高文化消费规模和水平。完善市场准入和退出机制，积极鼓励社会资本投资政策法规许可的文化产业。加强和改进文化市场综合执法，深入开展“扫黄打非”，加强文化行业组织和中介机构建设，加大知识产权保护力度。

完善两个效益相统一的体制机制。坚持把社会效益放在首位、实现社会效益和经济效益相统一。推动文化企业建立有文化特色的现代企业制度，形成体现文化企业特点、符合现代企业制度要求的资产组织形式和经营管理模式。探索建立党委和政府监管有机结合、宣传部门有效主导的国有文化资产管理模式，推动管人管事管资产管导向相统一。在新闻出版传媒领域探索实行特殊管理股制度试点，利用经济和法律手段创新管理，确保正确舆论导向。完善和落实文化经济政策，发挥政策的兜底作用，确保文化企业既活得好又走得正。

提高文化开放水平

扩大文化领域对外开放，是提升中华文化国际影响力的迫切需要。必须坚持政府主导、企业主体、市场运作、社会参与，构建全方位、多层次、宽领域的文化对外开放格局，广泛参与世界文明对话，积极吸收借鉴国外优秀文化成果，创新对外传播、文化交流、文化贸易方式，推动中华文化走出去，不断提高国家文化软实力。

　　加强国际传播能力和对外话语体系建设。传播力决定影响力，话语权决定主动权。加快构建技术先进、传输快捷、覆盖广泛的现代传播体系，推动传统媒体与新兴媒体融合发展，支持重点媒体面向国内国际发展，打造国际一流媒体。积极打造融通中外的新概念新范畴新表述，形成富有吸引力和感染力的中国话语，讲好中国故事，传播好中国声音，更好地塑造国家形象，营造于我有利的国际舆论环境。

　　深化人文交流。文化交流是心灵沟通的桥梁，也是一种"柔性"外交。切实提高对外文化交流水平，做大做响感知中国、欢乐春节等文化品牌，加强深层次、多样化、重实效的思想情感交流。完善人文交流机制，把政府交流与民间交流结合起来，扩大对外文化交流的参与面。加快推进海外中国文化中心和孔子学院建设，搭建展示和体验并举的综合平台。

　　加快发展文化贸易。文化产品"卖出去"有时候比"送出去"更容易被海外接受。完善政策保障，进一步扶持文化出口重点企业和重点项目，支持更多有经济实力、贸易经验的民营企业从事文化贸易，加强国际文化产品交易平台和国际营销网络建设，办好中国（深圳）国际文化产业博览交易会等国际性展会，不断扩大我国文化产品和服务在国际市场的份额。针对国外受众特点和文化消费习惯，开发既有中国风格又适销对路的文化产品，为文化产品走出去搭建翻译平台。

（摘自《人民日报》2015 年 11 月 26 日）

中国文化形象的五个维度

沈壮海

作者简介：沈壮海，武汉大学马克思主义学院教授、社会科学部部长、人文社会科学研究院院长。著有《思想政治教育有效性研究》《先进文化论》等，在《求是》《光明日报》《教育研究》等重要学术期刊发表学术论文近百篇。

对中华传统文化的理解和把握，也是我们认识当代中国及当代中国文化的重要维度。

从国家文化形象认知主体的角度而言，两类认知主体应该受到我们的关注，一是"他者"，一是"自我"。一个国家在"他者"心中的文化形象，关系到这个国家的文化影响力、吸引力；一个国家在"自我"民众心中的文化形象，关系到这个国家的文化认同、文化凝聚力，也关系到一个国家的民众以怎样的自觉去对外展示、塑造自己国家的文化形象。"他者"对一个国家的文化认知，包括对一个国家民众自我文化意象的认知；一国民众对自我文化的认同，也往往自觉不自觉地以各种各样"他者"眼中的文化观察作为反观自我的"镜子"。两类认知主体的存在及其同等重要性要求我们在国家文化形象建设的过程中，要注意内外一体、整体联动。不论从哪类认知主体角度讲，要形成清晰的关于当代中国的国家文化形象，有五个维度需要我们同时关注。

一是根基。国家文化形象的客观依据是国家文化建设与发展的实际，离开根基的建设，把国家文化形象塑造仅仅理解为一种设计、传播，便如同在花瓶中插进无根的花枝。文化建设的全力推进是奠定国家文化形象的坚实基础。目前，我们已经初步建成了国家、省、地市、县、乡、村和城市社区在内的六级公共文化服务网络；农村广播电视覆盖率已达98%；互联网已经可以将文化信息送到村一级。这些数字折射着我国文化建设的实际进程。认清当代中国的文化形象，我们需要更多地关注当代中国正在大力推进着的文化建设，这是鲜活而富有生命力的根基。

二是灵魂。文化形象的认知历程与文化体系的结构一致，以价值观为最深层的所在。只有真正深入到一个国家的文化核心即价值观，我们才能够穿越种种文化现象，在头脑中形成一个国家的精确的文化形象。中华文化有其深沉的价值追求，千百年来潜移默化地浸融在人们的日常生活和生产之中。社会主义核心价值观是当代中国追求发展进步的主旋律，也是当代中国追求的最基本的文化精神。让社会主义核心价值观的影响像空气一样"无所不在、无时不有"，并不仅仅表现在大街小巷随处可见的雕塑、挂画和公益广告等外在形式上，更应该表现在人们的心中，成为人们自觉行动的一部分。

三是持守。中华民族有着悠久辉煌的历史文化，但对待自己的历史传统和文化积淀，中国人曾经陷入迷茫。这里面既有一味埋头于历史的封闭自恋，也有对历史文化的轻视和不屑。中国人的许多价值观念、思维方式，都与以孔子为代表的传统文化紧紧地联系在一起。当代中国对孔子所代表的传统文化正给以越来越多的尊重。优秀传统文化是流注于当下中华民族肌体中的精神血液，也是中华民族显著的精神标识。对中华传统文化的理解和把握，是我们认识当代中国及当代中国文化的重要维度。

四是创新。在数千年的文明进程中，中华文化有过长久的领先也有过相对的停滞，甚至有人将保守性视为中华文化的重要特点。不容否认，从中华文化中我们可以找到许多具有保守性的材料，但同时需要看到，中华民族及其文化中有着更为强烈的追求创新的传统。"日新为道"的"日新"追求，"变则通，通则久"的通变智慧，"天行健，君子以自强不息"的自强意识，"为天地立心，为万民立命，为往圣继绝学，为万世开太平"的责任情怀，"去故取新"的更化勇气，"刚健笃实"的实干品质等，都是中华民族及其文化中创新精神的鲜明体现。正是这种传统的存在，使得中华文化能够突破保守性，不断超越，一路向前。认识当代中国的文化形象，我们不能不聚焦创新这个时代性的主题；传播当代中国的文化形象，我们也应当学会讲好当代中国创新与进步的故事。

五是气度。中华文化在吸收外来文化的过程中有过许多矛盾、疑惑、拒绝，但更多的是学习、消化、融合、创新。正是在和世界不同文化体系的交流互动中，中华文化不断地丰富着自我，也为人类文明的进程贡献着自己的智慧。在当代中国，在国际舞台上，我们不断申明尊重文明多样性的主张，强调要以"比天空更宽阔的胸怀"对待不同文明，推动不同文明相互尊重、和谐共处。这些主张，表达了当代中国的文化心声，也正成为当下中国文化建设的积极实践。

（摘自《人民日报》2016 年 2 月 25 日）

中央"十三五"规划建议的文化解读

范周

作者简介：范周，中国传媒大学文化发展研究院院长、首席研究员、博士生导师，文化部国家文化改革发展基地主任，联合国"创意经济顾问"。并任《中国文化产业年鉴》主编，全球文化产业学术联盟创建主席、海峡两岸文化创意产业高校研究联盟理事会理事长等职。全国人大《公共文化服务保障法》起草工作专家咨询组成员，国家发改委"国民经济和社会发展'十三五'规划纲要"专家委员会委员，中宣部"十三五"规划专家组成员，文化部"十三五"规划专家组成员，国家艺术基金规划专家委员会专家。"中国 2008 年度文化产业十大领军人物""2011 中国创意产业十大杰出贡献奖"获得者。

《建议》对"十二五"时期我国经济社会发展取得的成就给予了充分肯定，对"十三五"时期机遇与挑战并存的现状进行了全面分析，在理论与实践相结合的基础上提出了"创新、协调、绿色、开放、共享"的全新理念，明确了在新常态背景和如期全面建成小康社会的要求下，我国下一阶段的五大发展目标和六大坚持原则，对我国经济社会持续健康发展具有里程碑式的作用。

文化建设作为"五位一体"建设中的关键一环，其重要性不言而喻。《建议》立足于国内实情和国际视野，突出强调保障老百姓普遍关注的文化民生，加大文化产业与科技创新的融合，进而催生出更加系统完善的产业新业态，通过全面规划与重点培育的相互作用，实现文化产业双效统一，文化事业普惠基层，发挥文化在提升国民整体幸福指数中的巨大作用，对文化产业协调、科学、可持续地发展成为国民经济支柱性产业具有重要意义。

协调发展是硬道理

坚持协调发展，着力形成平衡发展结构，是《建议》的第四个重要方面，物质文化与精神文明的协调发展是协调发展的重要方面。

《建议》提出要"深化文化体制改革，实施重大文化工程，完善公共文化服务体系、文化产业体系、文化市场体系"；在主要目标中特别强调"在提高发展平衡性、包容性、可持续性的基础上，到2020年国内生产总值和城乡居民人均收入比2010年翻一番"。

"翻一番"的量化内涵其实是要求我们在公共文化服务和文化产业发展当中让人民群众感受到经济发展带来的幸福指数的提升。我们要明确文化建设的目标理念与发展方式，始终坚持"以文化人"这条红线，协同推进社会主义文化建设协调发展。

坚持文化产业支柱地位

坚持文化产业成为国民经济的支柱性产业。"十二五"时期，中央对文化建设作出了一系列重大部署。十七届六中全会通过了《中共中央关于深化文化体制改革推动社会主义文化大发展大繁荣若干重大问题的决定》，并提出，在"十二五"期间要让文化产业成为国民经济的支柱性产业；中共十八大提出建设社会主义文化强国战略任务；十八届三中全会，将深化文化体制改革作为全面深化改革的一个方面作出重要部署；十八届四中全会，将文化法制作为全面依法治国的重要方面进行部署。

此次《建议》的目标要求之一是"公共文化服务体系基本建成，文化产业成为国民经济支柱性产业"。在"十二五"的基础之上，中央把这个目标延长了五年，这就意味着在接下来的五年当中我们过去所强调的倍增计划可以继续往前推进。我国目前的文化产业增加值也在不断增长，但是不能只强调文化数量上的支柱性，还要强调文化产业在质上的内涵式发展。

文化产业与公共文化融合发展

公共文化服务与文化产业要融合发展。《建议》"指出要推动基本公共文化服务标准化、均等化发展，引导文化资源向城乡基层倾斜，创新公共文化服务方式，保障人民基本文化权益；推动文化产业结构优化升级，发展骨干文化企业和创意文化产业，培育新型文化业态，扩大和引导文化消费。"

公共文化是我国公民文化权的最基本的保障，文化产业是公共文化发展的最强劲支撑和推动力，两者之间互相支撑，特别是在公共文化内容的提升上文化产业更是可以大有作为，公共文化的社会化当中也需要文化产业有更多的更现代化的更人性化的服务和表现。

双效统一是文化发展的基本前提

文化及文化产业发展要坚持双效统一。文化发展不仅仅是一个产值的提高、数量的增多和门类的丰富，还应为广大人民群众提供更多的精神食粮，这也恰好体现了文化产业具有社会和经济双重属性的特殊性。在今后相当长的一个历史时期中，我们要始终如一地坚持这个基本原则和底线，这在国际发展当中也是有例可循的。《建议》强调"推动物质文明和精神文明协调发展；坚持'两手抓、两手都要硬'，坚持社会主义先进文化前进方向；坚持把社会效益放在首位、社会效益和经济效益相统一"等都是对这一原则的最好体现。

经济和社会发展不平衡，如同一个人一条腿长一条腿短一样，一定会跌跤。文化产业的发展也是这个道理，在文化产业发展过程中，我们不能"唯量"说话，GDP 并不是全部。我们要发挥文化产业在经济增长中的重要作用，始终把文化产业的社会价值置于首位。因此，文化企业要坚持生产社会效益良好的文化产品，在保证社会效益的基础上获得经济效益，事实也证明了具有良好社会效益的文化产品往往能够取得客观的经济效益，两者并不矛盾。而政府部门则需要在现有基础上进一步完善领导干部考核体系，并加强监督，对文化产业的社会效益进行综合评价。

文化发展要以精品为导向

文化发展必须要协调，而协调发展最终的导向就是要打造精品，此次《建议》也明确了文化建设的精品化方向。文化产业的精品就是要实现文化产品的精准化，公共文化的精品化就是要使公共文化在向基层倾斜的过程中让老百姓最渴望的公共文化服务内容能够得到最充分的体现和落实。正如习近平总书记在 2014 年文艺工作座谈会上的讲话所提到的那样，精品之所以"精"，就在于其思想精深、艺术精湛、制作精良。

因此，我们的文化发展也一定要打造精品，要做到既有数量，更有质量，既要有高原，又有高峰，这些思路和内容都是"十三五"时期文化建设所不可或缺并且需要一一落在实处的。

文化建设要科学、协调、和谐、可持续

增强发展协调性是本次《建议》的重要方面，正如《建议》中指出"要推动城乡协调发展。健全城乡发展一体化体制机制，推进城乡要素平等交换、合理配置和基本公共服务均等化"。坚持区域协同、城乡一体的协调发展在文化建设方面同样非常重要。然而，与我国经济社会发展不平衡的现状相一致，文化建设"东高西低"的不平衡现象仍然存在。

不论是公共文化建设，还是文化产业发展，我国文化建设的速度、水平与经济发展的整体格局基本相同，呈现出东高西低的态势，人才、资本、技术、规模等方面，东西部文化的发展均存在较大差距。随着互联网的迅猛发展，文化产业新兴业态层出不穷，产值所占比重越来越大，在这种情况下文化产业、公共文化的发展都需要从全新的角度进行认识，文化建设的不平衡现象也要充分运用互联网予以有效解决，全面提升文化产业发展能级，深入构建公共文化服务的全新体系。我国的文化建设处于这样的历史背景当中，这就决定了"十三五"时期的文化建设要坚持科学发展、协调发展、和谐发展、可持续发展的大原则。文化产业与文化事业要得到有机统一，让文化建设更好地服务于小康社会建设目标的实现，实现经济建设与社会建设有机统一，实现发达地区文化发展与欠发达地区文化发展的有机统一，是文化发展的最终目标。

网络文化安全事关重大

互联网的发展给文化建设带来了机遇，也带来了挑战，网络文

化传播的新形态、新内容，是"十三五"时期文化建设需要予以重点关注的问题。此次《建议》明确提出要"加强网上思想文化阵地建设，实施网络内容建设工程，发展积极向上的网络文化，净化网络环境"从网络文化建设内容建设、网络文化发展环境建设、舆论导向建设等各个方面均作出了重要说明。网络文化安全是事关国家文化安全的重要组成部分，是与意识形态阵地建设密切相关的大事，也是当下国家文化安全问题矛盾最为突出、亟须解决与面对的重要领域。

互联网技术更新快、发展普及快、信息扩散快，新型网络传播手段不断涌现，网络文化建设面临的形式异常严峻，在这种情况下，加强网上思想文化阵地建设，维护网络文化安全，则成为文化建设的迫切任务之一。因此，网络文化安全将成为"十三五"时期的文化建设过程中予以高度重视、积极应对、创新有为的重要方面，要通过积极建设与有效管理维护网络文化安全，实现网络文化建设的健康发展。

完善文化发展的长期体系

所谓体系，重点在于可持续性，关键在于体系之间的相互借力、相互照应、相互整合，文化的建设与发展同样需要完善的体系。"十三五"时期的文化发展体系建设将成为发展的重点，此次《建议》也强调了文化发展"体系"的建构与完善，这既包括文化产业市场体系建设，也包括现代公共文化服务体系的建设。

体系的构建是一个长期性、系统性的工作，需要从顶层设计、宏观布局角度予以思考，更需要从市场主体、项目落地等微观环节密切筹划。在注重传统文化产业的发展，如会展、出版、广告等的基础上，近年来我们也逐渐关注到文化创意、设计服务与相关产业融合发展，以及文化产业和新型业态之间的融合发展等问题，这都与文化发展的体系建构密切相关。同时，从社会环境到人才培育，从流通体系、金融支撑以及国际贸易等，这些要素都是"体系"中缺一不可的。

面对即将到来的"十三五"重要战略机遇期，我国依然大有可为、必有作为。《建议》提出的一系列重大工程和全新举措，为"十三五"规划纲要的正式制定起到了宏观性和指导性作用。文化建设作为"十三五"时期转变经济发展方式、调整产业结构布局的中坚力量，更应当发挥其巨大作用，在经济社会持续、协调、健康发展的布局谋篇中添上浓墨重彩的一笔。

（摘自中国经济网 2015 年 11 月 4 日）

构建平台 加强协同 深化和拓展国家文化软实力研究

张国祚

作者简介：张国祚，博士、教授、博士生导师，马克思主义理论家，诗人。现任中国文化软实力研究协同创新中心主任。长期从事理论研究和宣传工作。著有《中国文化软实力研究要论选（第一卷）》《中国文化软实力研究报告（2010）》等；发表《关于打造话语体系与改进文风的几点思考》《在回答问题中深化文化软实力研究》《新形势下推动文化软实力研究的着力点》等多篇论文。

文化软实力主要的功能是什么？那就是吸引力、凝聚力、感召力、谋划力、引导力、意志力。任何国家缺少这六种力，都不可能成为真正的强国。与此同时，这六种力又并非截然分开、毫无交集，而是相互渗透、相互转化的。强化国家文化软实力的研究，促进这六种力的实现，仅凭少数学科从少数方向、少数领域着手难以实现，而必须构建平台、加强协同，从以下方向推进。

理论根基。恩格斯说，一个民族想要站在科学的最高峰，就一刻也不能没有理论思维。指导理论越深刻、越完备、越有远见，文化软实力就会越深厚、越广泛、越持久。因此，中国文化软实力研究和建设必须首先夯实理论根基。我们必须以马克思列宁主义、毛泽东思想、中国特色社会主义理论体系为指导，深入学习贯彻习近平总书记系列重要讲话精神，紧密联系当代中国实际，借鉴西方文化软实力研究的先进理论，创造性地建构科学的、具有中国特色的文化软实力理论体系。

灵魂精髓。习近平总书记指出，核心价值观是文化软实力的灵魂、文化软实力建设的重点；对一个民族、一个国家来说，最持久、最深层的力量是全社会共同认可的核心价值观。核心价值观决定理想信念，决定人们对真假、美丑、善恶、是非的判断标准。没有理想信念或没有远大的理想信念，不分真假、美丑、是非、善恶的国家和民族，不可能有真理、公平、正义可言，不可能有精气神，不可能走在世界的前列。因此，中国文化软实力研究和建设必须要注重研究如何培育和践行社会主义核心价值观。

传统优势。历史上，我们的祖先创造了博大精深的中华文化，在励志修为、道德涵养、品格磨炼、认识世界、经世致用、用兵谋略、内政外交、治国理政等方面，有很多深刻的思想和精辟的论述。这是我国文化软实力建设取之不尽、用之不竭的丰厚资源。这些优秀传统文化一旦被赋予新的时代内涵，并结合外来的先进文化，就会形成超越时空、跨越国度的魅力，成为增强我国文化软实力的独特优势。因此，中国文化软实力研究和建设必须研究如何在新的历史条件下挖掘、梳理、创新、弘扬传统文化，不断做大做强自己的优势。

精神道德。没有井冈山精神，革命的星星之火就不能形成燎原之势；没有延安精神，就不能通过自力更生、艰苦奋斗、坚持持久战，打败日本侵略者；没有抗美援朝精神、大庆铁人精神、雷锋精神、焦裕禄精神、两弹一星精神等，我们就不可能在一穷二白的国度里，迅速医治好战争的创伤，建立起比较完整的工业体系。不管市场经济多么发达，今日的中国多么富有，这些宝贵的民族精神和时代精神都必须被继承发扬，决不能丢掉放弃。因此，中国文化软实力研究和建设必须弘扬以爱国主义为核心的民族精神和以改革创新为核心的时代精神。

亲和凝聚。我国是一个幅员辽阔的多民族国家，各地经济社会发展不平衡。特别是在社会转型期，由于分配差距的拉大、腐败现象滋生蔓延等问题的出现，社会矛盾问题凸显；"疆独""藏独"不断制造民族分裂主义，不时制造暴恐事端；国际敌对势力西化、分化的图谋从未停止过，思想文化渗透有增无减。因此，中国文化软实力研究和建设必须在增强民族亲和力、社会凝聚力上多下功夫，为反对民族分裂主义、极端宗教主义和恐怖主义，维护国家统一、民族团结提供思想基础、精神动力、智力支持、法律保障。

廉洁公信。党是否风清气正、廉洁奉公，事关党的生死存亡。各级政府是否勤政为民、取信于民，关系到老百姓是否拥护党的领导。党的十八大以来，中央实实在在反对官僚主义、形式主义、享乐主义和奢靡之风，不断加大"打虎拍蝇"的力度，树立了务实、为民、清廉的形象。与此同时，一些官员唯恐自己因工作中的新问题被举报、被调查，而不作为、不进取，存在懒政、怠政、逃避责任等消极态度，这同样损害党和政府的形象。因此，中国文化软实力研究和建设必须深化研究如何使党保持廉洁，使政府公信力不断增强，以深得人心、顺应民意。

文化产业。文化产品具有意识形态和商品双重属性，文化产业则具有社会和经济两种效益。文化产业的文化软实力主要体现在意识形态属性和社会效益上。因此，如何使文化产品在创作、生产、传播的各个环节上充分体现社会主义核心价值观、始终重视意识形态属性、始终把社会效益放在首位，同时又使文化产品的商品属性和经济效益得到充分体现，尽可能受到广泛欢迎，赢得尽可能广大的国内外市场，这是中国文化软实力研究和建设必须着力解决好的研究课题。

舆论引导。毛泽东同志指出，舆论阵地，无产阶级不去占领，资产阶级一定要去占领，凡是要推翻一个政权，总是要造成舆论。革命的阶级是这样，反革命的阶级也是这样。习近平总书记在谈及包括舆论导向在内的意识形态工作时指出，"意识形态工作是党的一项极端重要的工作""能否做好意识形态工作，事关党的前途命运，事关国家长治久安，事关民族凝聚力和向心力"。"颜色革命""阿拉伯大动荡"所引发的政治动荡和政权更迭无不是以"街头革命"舆论战开始，抹黑当局，扰乱民心，制造族群分裂，反对派在乱中夺权。因此，如何占领舆论制高点，进行正确引导，是文化软实力研究和建设的一项极端重要的任务。

文化安全。当今时代，伴随经济全球化发展，各国交往越来越多，各种思想文化相互交流、相互碰撞、相互交锋日益频繁。特别是互联网发展迅猛，其海量、即时、互动、无界、无域、无孔不入的特点，使人人都可以成为新闻发布者、思想传播者、观念制造者。

网络在为经济社会发展带来好处的同时，也为敌对势力西化、分化中国，对中国进行思想文化渗透大开方便之门，他们利用互联网，诋毁马克思主义意识形态，动摇社会主义理想信念，损坏党和政府的信誉，危害国家文化安全和政治安全。因此，中国文化软实力建设必须着力研究国家文化安全问题，以巩固全国人民团结奋斗的思想基础。

话语权力。话语权事关话题的设定、观点的正谬、说理的策略、表达的技巧，涉及如何吸引和征服话语客体对象，赢得广泛的支持和认同。如何把我们重视和关注的话题变成多数国家关心的话题，如何围绕我们关心的话题提出正确的观点，如何把握好度以赢得大多数受众的赞同，如何运用人们喜闻乐见的语言和表达方式使人们满怀兴趣、心悦诚服地追随我们的观点主张？所有这些问题，都是文化软实力研究和建设必须下功夫解决好的问题。

国际形象。中国的国际形象既有平面的，也有立体的；既有有形的，也有无形的。山河是否秀美、城市是否整洁、乡村是否卫生、经济是否繁荣、科技是否先进等等，都是平面的形象；国家的政策是否公正合理、深谋远虑，民族的文化是否博大精深、富有魅力，国民的文明素养和智力水平是否比较高，国内各民族凝聚力和向心力是否很强等等，都是立体的形象。国外对中国形象的观察和判断有什么规律，中国在树立国际形象方面有什么经验教训，如何全方位提高中国国际形象、广交国际朋友、创造良好国际环境，这是中国文化软实力研究和建设必须高度重视的问题。

科学评价。物质硬实力是有形的、可以计量的，表现为物质力量的实力。多少架飞机、多少艘军舰、多少门大炮、多少辆坦克、多少枚导弹、多少万军队，都是可以计量清楚的，都是硬实力。文化软实力则是难以量化的，表现为精神、情感、智慧力量的实力。对祖国的忠诚、对敌斗争的勇敢、对事业的热爱、干部群众的团结和谐、战略规划的高明，都是软实力，都是难以计量的。难以计量并非是说绝对无法计量。我们要对文化软实力发展状况进行科学的分析，仅有模糊的定性评价是不行的，需要把定性评价与定量评价恰到好处地结合起来，才能得出尽可能科学的结论，也才能为文化软实力进一步发展提出更加切合实际的、比较精准的对策建议。因此，中国文化软实力研究和建设必须解决科学评价这一难题。

（摘自《光明日报》2015 年 11 月 30 日）

发挥公益性文化单位在稳增长、促消费中的作用（节选）

祁述裕

作者简介：祁述裕，国家行政学院社会和文化教研部主任、国家行政学院文化政策与管理研究中心主任，二级教授，博士生导师，享受国务院政府特殊津贴专家。兼任国家公共文化服务体系专家委员会委员，国家国有文化资产管理专家指导委员会委员、中国文艺评论家协会艺术产业委员会主任、北京大学研究员、中国传媒大学博士生导师、人民大学报刊复印资料《文化创意产业》终审顾问等。

发掘文化资源，推动文化创意产品开发，发挥公益性文化单位在稳增长、促消费中的作用，需要解决以下几个问题。

（一）解决认识问题

鼓励公益性文化单位发掘文化资源，开发文创产品实际上是对公益性文化单位职能定位的突破，是对现有文化体制机制的突破。这难免引起一些疑虑。核心问题是公益性文化单位能不能搞经营，能不能参与市场竞争。按照2003年文化体制改革两分类的要求，公益性文化单位是不允许参加经营活动的。

笔者认为，2003—2012年文化体制改革所确定的公益性文化单位的功能和职责定位有一个很大的误区，就是把公益性文化单位的功能和实现功能的途径混淆了。

公益性文化单位的功能是实现公共（公益）目标，而不是像企业那样以赚钱为目的，这是确定无疑的。但这并不意味着实现公共目标与市场经营活动是水火不容的。参与市场经营活动同样有助于公益性文化单位公共目标的实现。发达国家开发衍生产品在获取经济收益的同时，也促进文化传播就是证明。实际上，公益性文化单位通过参与市场经营活动实现公共目标，往往比行政手段、公益手段更有效。因为，这要求公益性文化单位要准确把握消费者需求，要提供适销对路的产品，要提供更有效的服务。

关于这一点，发达国家已经有成熟的经验。发达国家所说的非营利文化机构与我国公益性文化单位的含义大致相当。发达国家所讲的非营利是指该机构的经营理念是为了公益目标。非营利机构并不排斥市场经营行为，正相反，市场经营行为是其极为重要甚至是主要的经营手段。与企业不同的是，其经营所得不得用于私人享有，而要回馈社会。这才是非营利机构与企业的本质区别。

近些年，西方国家又出现了社会企业这个概念，这是非营利机构理念的延伸。英国首相卡梅伦在一个场合说，如果说当代英国对人类有什么贡献的话，那就是发明了社会企业。社会企业与非营利机构的异同是什么？相同点是都以实现公共利益为价值追求；社会企业与非营利机构的不同之处是，更加自觉地把参与市场竞争引入到经营理念当中。根据笔者的观察，说英国人发明了社会企业有些牵强。社会企业在欧美国家几乎是同时出现，这是社会发展到一定阶段后的结果。以美国为例，美国的高校出版社、许多社会组织、纽约外百老汇的实验剧场等，都把自己定位为社会企业，既强调公益目的，社会责任；又遵循市场经济规律从事经营活动。

笔者认为，中国的公益性文化单位的经营理念应该有一个很大的调整，应该强化市场意识，不仅要提供普惠式的免费服务，还应该善于利用市场机制，为特定人群提供定制化、分层次的优惠服务，以最大限度实现公益目标。这是我国公益性文化单位未来发展方向。

（二）规范公益性文化单位开发文化创意产品的方式

公益性文化单位究竟以什么样的方式开发文化创意产品？这很重要。境外在这方面有成熟的做法，值得借鉴。

境外博物馆开发文创产品的做法形式多样，主要有以下三种。一是采取授权的方式。台北"故宫博物院"没有专职设计队伍，该博物院主要是通过授权，委托其他机构、企业开发文创产品。包括图像和著作授权、品牌授权、合作开发三种授权方式。其中，与台北"故宫博物院"合作开发衍生文化衍生品企业相对固定，共21家公司。

二是有专职设计团队。纽约大都会艺术博物馆就有自己的设计人员。该艺术博物馆的所有衍生产品都有其设计人员设计，并经过反复审定推出的，以确保其高品质。

三是由行业协会承担。法国博物馆文创产品开发主要是由法国国家博物馆联合会统一负责，该联合会的职能之一是文化产品的复制和衍生产品开发。世界三大博物馆之一——法国卢浮宫博物馆销售的文创产品就是由该联合会提供的。目前，由联合会专家设计的文创产品有数千种。1999年，开设了第一家RMN精品商店，统一营销联合会的文化产品和所有成员博物馆的精品文化产品。该联合会隶属于法国文化和通讯部监管，成立于1895年。

除以上三种方式外，还有其他方式，比如混合型的，即既有自主设计的，也有授权经营的。境外博物馆的这些做法都值得我们借鉴。

笔者认为，我国公益性文化单位开发文化创意产品，关键是走社会化的路子，要找到公益性文化单位所拥有的资源与社会资源嫁接的点，盘活公益性文化单位藏品、智力、设施等有形和无形资源。

可有以下几种方式：

第一，可通过艺术授权、无形资产入股等，以合资、合作等方式，开发文创产品，或设立文化产品开发机构和企业。

其一，艺术授权没有问题。台北"故宫博物院"采取的图像和著作授权、品牌授权、合作开发三种授权方式，我国公益性文化单位都可以借鉴。

其二，能不能以无形资产入股的方式，和社会机构、企业合资创办企业来做？对这个问题有争议。公益性文化单位以无形资产入股是新思路，可以研究和探索。核心问题一是公益性文化单位的资产难以评估；二是其资产（如公共博物馆的藏品）系国有资产，所属公益性文化单位只有保管权和展示权，无权将其估值并与其他机构或企业合资。对此，笔者的看法是，A.公益性文化单位资产估值问题虽然不容易，但并不是完全不可能，学术界对此有一些研究成果。B.公益性文化单位的资产系国有资产，能不能入股，关键是看入股的是什么。如果入股的是图像和著作授权、品牌授权和合作开发权，笔者觉得也应该是可以的。

其三，博物馆等公益性文化单位设立专司文创产品开发机构和企业。笔者认为，博物馆等公益性文化单位设立专司文创产品开发机构和企业，可以是一种选择，但不是好的选择，需谨慎。因为，在现有体制下，公益性文化单位设立的自收自支经营性文化机构大都无法避免走向行政化，最后人浮于事，效益低下。除非有更好的制度设计。

有一种观点认为，财政应该在给公益性事业单位拨款中专设文创产品开发项目，以作为公益性文化单位从事文创产品开发的"第一桶金"，以解决开发产品钱从哪来的问题。笔者认为这个观点不妥。财政不能开这个口子。

笔者认为，公益性文化单位之所以能够开发文创产品，其前提就是该单位的藏品等文化资源是有开发潜力的。如果一家公益性文化单位找不到合作方或投资方，要么说明你的那些资源的经济价值还没有被发现，要么说明没有找到合适的合作方。在这种情况下，就不具备进行文创产品开发的条件。

第二，鼓励公益性文化机构以基金的方式运作文创项目。鼓励公益性文化机构依托基金开发文创产品。其文创产品经营收入通过基金反哺公益性文化机构，增加公益性文化单位发展资金积累。

第三，争取国家和地方文化专项资金或基金支持。

至少可做三件事：一是在国家艺术基金中设立专项，用于支持公益性文化单位挖掘其藏品等文化资源内涵，开发文化创意产品项目，这容易做到。二是推动中央文化产业发展专项资金将文化单位挖掘其藏品内涵、开发文化创意产品项目列入重点支持范围。这有一定的难度。难点在中央文化产业专项资金支持对象是文化企业，公益性文化单位原则上不属于其支持对象。但这其中还是有很多可变通的途径。实际上，已经有公益性文化单位通过属下的经营性文化单位申请到了中央文化产业专项资金的支持。其三，鼓励各地区文化产业发展专项资金支持当地公益性文化机构挖掘其藏品内涵，开发文化创意产品。这也是可以做到的，地方有这方面的积极性。

（三）完善公益性文化单位质量评价体系

重点是在公益性文化单位定级和运行质量评估中，增加对文创产品设计与推广的引导。将公益性文化单位文创产品开发经营绩效，纳入其评估定级标准和绩效考核内容。

（四）搭建服务平台

各级政府部门应该通过搭建服务平台，为公益性文化单位开发文创产品提供支持。实际上，有关政府部门已经在这样做了。比如，2014年，国家文物局委托中国故宫博物院、中国博物馆协会和中国文物信息咨询中心举办了两届全国博物馆文创产品的设计推荐活动，包括博物馆文创产品的征集、评选和推广。2015年中国博物馆协会有个文创产品专业委员会，跟地方联合举办了两届博物馆论坛及展览。2015年12月，广州市举办了首届2015年广州国际文物博物馆产权交易博览会。这些活动都有力地推动了博物馆系统的文创产品开发。图书馆系统、文化馆系统也可以考虑举办类似的活动，推动本系统的文创产品开发。

（五）建立收入分配激励机制

在财政稳定投入基础上，积极探索博物馆、图书馆、美术馆、文化馆等公益性文化单位，将文化创意产品开发销售所得的部分收入作为单位自有资金，用于开展本单位公益性文化服务、设施运营维护以及藏品、展品购买等费用支出和相关人员的绩效奖励。否则，公益性文化单位的积极性如何调动？难点是返还给文化单位的应占多大比例，用于绩效奖励应该占多大比例。比例过高，公众不满意，毕竟公益性文化单位开发文创产品依托的藏品等文化资源是国有资产；比例过低，又无法调动文化单位和个人的积极性。这个问题需要深入研究。

（六）建立收支公示制度

这是必要的，也是国际通行做法。应该借鉴国际上对非营利组织收入分配管理的通行办法，定期通过公共媒体、官方平台或渠道向社会大众发布其文创产品销售收入、分配及使用情况，接受舆论及社会监督。

（七）需要注意的三个问题

第一，不要冲击公益性文化单位承担的基本公共文化服务职责。

第二，不要做与公益性文化单位无关的经营活动。防止重演20世纪80、90年代在"以文养文"号召下，一些文博单位利用本单位的建筑空间开大卖场卖服装等做法。

第三，制定分级、分类实施细则。必须看到，具备条件，能够开发文创产品的主要是国家级、省级和部分省会城市、计划单列市的公益性文化单位。市县以下基层公益性文化单位，经济欠发达地区文化单位大都缺乏开发文创产品的条件。同时，博物馆、图书馆、美术馆、文化馆等，类别不同，资源、条件也不同，应尊重不同类别公益性文化单位的特点。

要制定分级、分类实施细则，重点是鼓励国家级、省级博物馆、图书馆、美术馆、文化馆等公益性文化单位先行先试，提供经验，也鼓励省会城市和计划单列市公益性文化单位大胆探索。其他地方公益性文化单位可根据自身情况，自行决定文创产品开发事宜。要因地制宜，循序渐进，不搞一刀切，防止一哄而起。

（摘编自人民网 2016 年 2 月 14 日）

四

社会建设篇

　　协调是持续健康发展的内在要求。必须牢牢把握中国特色社会主义事业总体布局，正确处理发展中的重大关系，重点促进城乡区域协调发展，促进经济社会协调发展，促进新型工业化、信息化、城镇化、农业现代化同步发展，在增强国家硬实力的同时注重提升国家软实力，不断增强发展整体性。

建立更加公平更可持续的社会保障制度

楼继伟

作者简介：楼继伟，财政部部长、党组书记，第
十七届中央候补委员，第十八届中央委员。2016 年
1 月 16 日在亚投行理事会成立大会上，被选举为首
届理事会主席。

党的十八届五中全会通过的《中共中央关于制定国民经济和社会发展第十三个五年规划的建议》(以下简称《建议》)指出,要建立更加公平更可持续的社会保障制度。这是对党的十八大和十八届二中、三中、四中全会有关精神的继承、丰富和发展。我们要认真学习领会,扎实推进社会保障制度各项改革。

建立更加公平更可持续的社会保障制度是全面建成小康社会的重要内容

社会保障是人民群众的"安全网"、社会运行的"稳定器"和收入分配的"调节器",具有优化资源配置、促进社会公平和保障国家长治久安的作用。经过长期努力,特别是"十二五"时期的攻坚克难,我国社会保障体系有了长足发展,基本形成社会保险、社会救助、社会福利和慈善事业相衔接的总体框架。

制度体系日趋健全。"十二五"时期,全面建立城镇居民养老保险、城乡居民大病保险、疾病应急救助、临时救助等制度,涵盖各类群体、针对各类基本需求的社会保障制度体系基本形成。

体制改革深入推进。机关事业单位养老保险改革顺利实施,不同性质单位基本制度安排的"双轨制"问题正在解决。新农保和城居保整合为城乡居民基本养老保险。改革医保付费方式,规范医疗服务行为,控制医药费用不合理增长。

保障人群持续增加。截至 2014 年底,职工和城乡居民养老保险参保人数分别达 3.1 亿和 4.7 亿,比 2010 年底增长 34.8% 和 319.6%。职工医保、居民医保和新农合三项基本医保参保人数超过

13 亿，总参保率在 95% 以上。其他社会保障制度受益人群也不断增加。

保障水平明显提高。企业职工基本养老保险的基本养老金月平均水平 2015 年达到 2200 多元，是 2010 年的 1.7 倍。职工医保、城镇居民医保和新农合政策范围内住院费用报销比例 2014 年比 2010 年平均提高约 10 个百分点。城市和农村低保平均标准分别由 2010 年底的每人每月 251 元和 117 元提高到 2014 年的 411 元和 231 元。

但也应看到，目前社会保障制度设计和运行还存在一些深层次矛盾和问题。在经济进入新常态以及人口老龄化、新型城镇化加快推进的背景下，这些矛盾和问题会成为我国经济社会发展的制约因素，突出表现在：一是社会保险制度没有体现精算平衡原则，基金财务可持续性较差。"十二五"时期，企业职工基本养老保险基金支出年均增长 18.6%，收入年均增长 12%，支出比收入增幅高出 6.6 个百分点；全国职工医保基金和城乡居民医保基金支出增幅比收入增幅分别高出 2.5 和 5 个百分点。二是政府、企业、个人以及中央和地方之间责任分担机制不合理，收入保障和提供医疗卫生等公共服务的职责过度向政府集中，医疗卫生和社会保障服务机构运行机制比较僵化。三是制度条块分割，不同社会保障政策之间以及社会保障政策与其他政策之间的衔接配套有待加强，碎片化问题突出。这就要求进一步改革完善社会保障体系，增强社会保障制度的公平性和可持续性，使发展成果更多更公平惠及全体人民。

建立更加公平更可持续的社会保障制度必须遵循的基本原则

"十三五"时期，社会保障改革发展要贯彻落实中央精神，按照"四个全面"战略布局的总体部署，坚守底线、突出重点、完善制度、引导预期，以大力推进体制机制创新、合理界定政府与市场职责为主线，以确保制度更加公平更可持续和增强制度的统一性、规范性为着力点，以促进精算平衡、强化激励约束、推动制度整合、完善筹资机制为核心，确保社会成员合理分享改革发展成果。

立足基本国情，以保基本为优选目标，防止高福利倾向。我国仍处于社会主义初级阶段，生产力发展水平总体较低，社会保障事业发展的经济基础较弱。同时，我国人口年龄结构将发生显著变化，在总和生育率下降与人均预期寿命延长等因素的推动下，老年人口占比不断上升，老年人口高龄化日益突出。社会保障制度建设要合理把握改革力度和进度，根据经济社会发展基本情况以及个人、企业和财政等方面的承受能力，以满足人民群众基本需求为目标，合理确定社会保障项目和水平。要防止脱离经济社会发展和社会结构的实际情况，超出财政承受能力，以拔苗助长的方式推进社会保障制度建设和提高保障待遇水平，避免重蹈一些国家陷入"高福利陷阱"的覆辙。

坚持精算平衡，增强制度可持续性，防范经济社会风险。精算平衡是社会保险的基本原则。宏观上，要根据人口、经济等因素合理确定并及时调整社会保险政策特别是待遇计发办法，确保基金中长期收支平衡；微观上，要使参保者的缴费与收益密切挂钩，实现激励相容，调动其参保缴费的积极性。进一步深化社会保障特别是社会保险制度改革，要按照精算平衡原则，对现有政策进行系统梳理和评估，坚持公平与效率、权利与义务、统一性与灵活性相结合，科学合理设定制度参数、待遇计发办法，促进社会保险基金自求平衡，实现制度长期稳定运行。

加强制度整合，提升制度公平性，防止结构性矛盾和社会不公。在坚持不懈地推进单项社会保障制度改革完善的同时，更加注重从整体上进行制度的顶层设计，实现各项制度的有效整合和成熟定型。按照"全覆盖"的要求，进一步提高养老、医疗和其他社会保险制度的参保缴费率，扫除参保"盲点"和"死角"，防止重复参保；推动社会救助和福利制度实现应保尽保；通过优化整合制度、加强政策衔接、提高统筹层次，有效解决社会保障制度碎片化问题；逐步弱化城乡之间、地区之间、群体之间社会保障政策和待遇水平差异，进一步体现公平性。

注重责任分担，合理均衡各社会主体之间的责任，防止过分增加全体纳税人负担。建立更加公平更可持续的社会保障制度，需要全社会共同努力。充分发挥政府、企业、个人的作用，形成强大合力。适度均衡责任分担，市场机制能够提供的保障职能，政府不要越俎代庖；该由个人和单位承担的社会保障责任，政府不要大包大揽，防止责任过度向政府集中，实际上是让全体纳税人担责。建立健全多层次保障体系，以社会救助为托底层，社会保险为主体层，社会慈善、企业年金、职业年金和商业保险为补充层，加强各层次之间的衔接。适时适当降低社会保险费率，为补充保险留出发展空间。合理划分政府间社会保障事权，按照外部性、信息复杂性和激励相容"三原则"，根据养老、医疗卫生、社会救助等事务的特点，合理确定中央和地方政府的支出责任。大力推进政府购买服务和政府与社会资本合作，积极引导社会力量和社会资本参与提供养老、医疗卫生、社会救助等服务。

建立更加公平更可持续的社会保障制度的主要任务

《建议》围绕建立更加公平更可持续的社会保障制度，提出了一系列重要任务。要按照《建议》作出的改革部署，全力抓好养老和医疗两大重点，统筹社会救助体系建设，进一步深化社会保障制度改革，确保按期完成各项改革任务。

加快推进养老保险制度改革。一是完善职工养老保险个人账户制度。建立透明易懂的收付制度，加强个人缴费与待遇水平之间的联系，做到多缴多得、长缴多得，鼓励参保缴费。随着退休人员预期寿命的延长，合理调整个人账户养老金计发月数。改进个人账户记账利率办法，研究完善个人账户余额继承政策。同时，进一步健全城乡居民养老保险参保缴费激励约束机制。二是实现职工基础养老金全国统筹。统筹考虑制度设计、中央与地方事权和支出责任划分等相关问题，积极稳妥推进职工基础养老金全国统筹，增强调剂基金余缺能力。三是丰富社会保险基金收入来源渠道。拓宽社会保险基金投资渠道，推进基金市场化、多元化、专业化投资运营。逐步提高国有资本收益上缴公共财政比例，2020年提高到30%，更多用于保障和改善民生。划转部分国有资本充实社保基金。四是渐进式延迟退休年龄。综合考虑我国人口结构、就业结构变化趋势和社会保障可持续发展要求，出台渐进式延迟退休年龄政策。五是加快发展补充养老保险。完善企业年金和职业年金个人所得税递延纳税政策，扩大个人税收递延型商业养老保险试点，鼓励职工参加个人储蓄性养老保险，推动建立多层次养老保险体系。六是建立基本养老金合理增长机制。以职工和居民收入为基础合理确定基本养老金水平，建立综合考虑收入增长、物价变动等主要因素的正常调整机制。

改革医疗保险制度。一是健全医疗保险筹资机制和报销比例调整机制。建立居民医保和新农合筹资水平与医疗费用增长速度以及其他相关因素合理挂钩的科学调整机制。合理强化医保个人缴费责任，增强居民医保和新农合制度的社会保险属性。研究实行参加职工医保的退休人员缴费政策。坚持适度保障原则，建立与筹资水平相适应的报销比例调整机制。二是全面实施城乡居民大病保险制度。完善大病保险制度，覆盖所有城镇居民医保、新农合参保人群，与医疗救助等制度紧密衔接，共同发挥托底保障作用，有效防止发生家庭灾难性医疗支出。三是发挥医保控费作用。改革医保支付方式，推进按人头付费、按病种付费和总额预付等复合付费方式，控制医疗费用不合理快速增长。鼓励商业保险机构参与医保经办。改进个人账户，采取门诊统筹报销模式，对费用较高的慢性病和门诊大病给予更好保障，提高医保基金使用效益。实现跨省异地安置退休人员住院医疗费用直接结算，为参保群众提供便捷服务。四是整合基本医疗保险制度。理顺居民医保和新农合管理体制，加快城乡居民基本医疗保险制度整合步伐。将生育保险和基本医疗保险合并实施，降低运行成本。五是鼓励发展补充医疗保险和商业健康保险。积极鼓励发展企业和个人共同负担的补充医疗保险以及个人投保的商业健康保险，建立多层次医疗保障体系。在落实对基本医疗保险、补充医疗保险税收优惠政策的基础上，完善个人购买商业健康保险的个人所得税税前扣除优惠政策。

统筹社会救助体系建设。加强社会救助政策衔接，专项救助不再锁定低保对象，减少福利捆绑，针对救助对象医疗、住房、就业、教育等方面的特殊情况提供差别化救助。实行扶贫政策和低保政策有效衔接，对贫困人口应保尽保。整合基本生活救助制度，针对现行社会救助政策"单向叠加"、不同制度对同一困难类型或同一类救助对象重复保障的问题，统一按困难类型划分社会救助制度。制定和完善救助申请对象财产信息核查办法，建立跨部门、多层次的救助申请家庭经济状况核对机制。合理划分中央和地方政府的基本生活救助支出责任，并由中央和地方分别负担不同的救助项目或救助对象支出，以发挥中央促进基本公共服务均等化和地方掌握信息优势的两个积极性。支持发展慈善事业，积极引导社会力量参与社会救助。

（摘自《人民日报》2015 年 12 月 16 日）

“十三五”结构性改革的三大任务

迟福林

作者简介：迟福林，研究员、博士生导师，全国政协第十一届、第十二届委员会委员。中国（海南）改革发展研究院院长兼任中国经济体制改革研究会副会长、中国行政体制改革研究副会长。国家“十三五”规划专家委员会委员。享受国务院特殊津贴专家，海南省首批有突出贡献专家，2002 年被中组部、中宣部、国家人事部和国家科学技术部联合授予“全国杰出专业技术人才荣誉称号”；中国（海南）改革发展研究院院长，中国经济体制改革研究会副会长，海南省社会科学界联合会主席，北京大学、南京大学、浙江大学、东北大学、西南财经大学等重点大学的客座教授或特聘教授。

"十三五"以经济转型为主线的结构性改革，重点是正确处理好市场、企业和政府的关系，更大程度地发挥市场在资源配置中的决定性作用，进一步激发企业活力，加大更有效的制度供给，以实现经济转型的实质性突破。

服务业市场开放是结构性改革的"重头戏"

从工业市场开放到服务业市场开放是大趋势。"十三五"期间，我国要形成服务贸易为重点的开放型经济新格局，需要有序扩大服务业的对外开放；另一方面，把握我国经济转型升级的大趋势，关键是以服务业市场开放为重点发展现代服务业。

服务业市场开放滞后是市场化改革的"突出短板"，比如，服务业市场化程度低、服务业对外开放的程度较低、服务型经济水平低、服务价格高等。伴随着服务业领域社会资本投资增速将超过工业、服务业固定资产投资中社会资本投资占比过半，服务业市场开放是市场化改革的"最大红利"，服务业市场开放将给社会资本带来巨大的投资空间。

服务业市场开放牵动影响转型发展全局。形成服务业为主导的产业结构，需要通过服务业市场开放，形成有效投资；形成消费拉动经济增长的格局，需要通过服务业市场开放，扩大服务供给能力；推进双边、多边自由贸易进程，需要有序扩大服务业对外开放，并通过服务业市场的双向开放，形成以服务贸易为重点的开放型经济新格局。就是说，落实十八届五中全会提出的"开展加快发展现代服务业行动"，关键在于尽快制定"十三五"服务业市场开放的行动计划。

实现服务业市场开放的重大突破，需打破服务业市场的行政垄断与市场垄断，推动服务业领域国有资本的战略性调整，全面推进垄断行业竞争环节向社会资本开放；推进服务业市场的便利化改革，使社会资本成为现代服务业发展的主体力量；全面放开服务业市场价格，形成统一开放、公平竞争的市场体系；以政府购买公共服务为重点加快公共服务业市场开放；推进服务业市场开放的相关政策调整，实现服务业与工业用地、用电、用水等政策平等，通过尽快完成"营改增"、改革消费税等，形成有利于服务业发展的税制结构。

以优化企业发展环境为重点的结构性政策调整与结构性改革

市场经济条件下，供给侧改革的主角是企业和企业家。为解决经济结构调整中企业，尤其是实体经济的困难，十八届五中全会要求"优化企业发展环境，开展降低实体经济企业成本行动"。应当说，在当前经济转型的特定背景下，需要把优化企业发展环境、激发企业活力、倡导企业家精神作为结构性改革优先解决的重大问题。

经济转型时期优化企业发展环境具有紧迫性。从当前经济下行压力增大与经济风险因素增多的情况看，未来1—2年，并不是大规模进行企业改革的最佳时期。在这种情况下，要努力寻求短期应对危机与中长期转型相结合的有效路径。例如，加快企业结构调整，优化企业的技术结构、产品结构和组织结构，促进企业转型升级；加快发展新兴企业，要以信息产业为重点，改造提升传统产业、培育发展适应企业转型升级的新兴产业；鼓励引导企业兼并重组，对"僵尸企业"要建立差异化处置的甄别机制，对确实需要淘汰的企业，要逐步退出市场，以降低经济社会风险。

重在优化企业转型与改革的经济社会环境。例如，全面实行负面清单制度，保证各类生产要素的自由流动；加强知识产权保护力度，保证企业尤其是中小企业创新收益，提高企业创新的积极性。

"激发企业家精神，依法保护企业家财产权和创新收益。"激发企业活力，首先是激发企业家精神。这就需要尽快建立并完善有利于创新型企业家的选拔机制、培养机制、激励机制和约束机制，依法保护企业家财产权和创新收益，形成企业家健康成长的宽松环境。

以监管转型为重点的简政放权与结构性改革

我国仍是一个转型大国，推进供给侧结构性改革的实质是处理好政府与市场的关系。当前，在加快经济结构调整，尤其是经济下行压力增大的背景下，需要的是加大放权、减权的力度，需要的是进一步开放市场，激发市场活力，严防"把市场关进权力的笼子里"。

向企业"放权"要有新突破："互联网+"时代，实现企业自主登记注册的技术条件和时机已经成熟，借鉴国际商事制度经验，全面实施企业自主登记制度；适时取消企业一般投资项目备案制，除政府投资之外，企业一般投资项目一律由企业依法依规自主决策，将投资决策权还给企业；以公平竞争政策取代产业政策。市场经济条件下，政府的主要职责之一是营造公平竞争的市场环境。除农业等特殊产业外，尽可能少用或不用产业政策干预企业的经营行为。

市场监管体制转型要有新举措。实现行政审批与市场监管严格分离，以保障市场监管机构的独立性、权威性、专业性；调整优化市场监管的行政权力结构，在金融领域、消费领域、反垄断领域，尽快建立统一的、综合性市场监管机构；形成政府与社会协同的市场治理新格局，在强调政府市场监管主导作用的同时，积极引导各类市场主体自治，提升企业社会信用，促进市场主体自我约束，诚信经营，充分发挥行业组织的自律作用、舆论和社会公众的监督作用，逐步形成统一开放、竞争有序的市场生态环境，尽快建立起与市场经济发展阶段相适应的市场治理体系。

（摘自中国改革论坛网 2016 年 3 月 31 日）

全力补齐全面建成小康社会的突出短板

刘永富

作者简介：刘永富，国务院扶贫开发领导小组副组长，国务院扶贫办党组书记、主任。曾任劳动保障部副部长，甘肃省委常委、常务副省长。

农村贫困人口脱贫，是全面建成小康社会最突出的短板。为补齐这块短板，党的十八届五中全会提出，到 2020 年，我国现行标准下农村贫困人口实现脱贫，贫困县全部摘帽，解决区域性整体贫困。当前，我们要深刻领会党的十八届五中全会精神，动员全社会力量向贫困发起总攻，决战决胜打赢脱贫攻坚战，确保到 2020 年所有贫困地区和贫困人口一道迈入全面小康社会。

深刻认识打赢脱贫攻坚战的重大意义

经过改革开放 30 多年来的艰苦奋斗，我国成功走出了一条中国特色扶贫开发道路，使 7 亿多农村贫困人口成功脱贫，成为世界上减贫人口最多的国家。截至 2015 年底，按现行脱贫标准测算，我国仍有 5575 万农村人口生活在扶贫标准线以下。"十三五"时期，要实现脱贫攻坚目标，补齐全面建成小康社会的最突出短板，必须进一步深刻认识打赢脱贫攻坚战的重大意义。

打赢脱贫攻坚战事关全面建成小康社会。全面小康，是惠及全体人民的小康，是不能有人掉队的小康，绝不能把贫困地区和贫困人口排除在外。全面建成小康社会最艰巨的任务是脱贫攻坚，最突出的短板就是农村还有 5575 万贫困人口。我们不能一边宣布全面建成了小康社会，另一边还有几千万人口的生活水平处在扶贫标准线以下。如期完成脱贫任务是全面建成小康社会的刚性目标、底线目标。只有脱贫攻坚目标如期实现，才能凸显全面小康社会特色，让人民群众满意、国际社会认可。

打赢脱贫攻坚战事关增进人民福祉。习近平总书记指出："贫穷不是社会主义。如果贫困地区长期贫困，面貌长期得不到改变，群众生活长期得不到明显提高，那就没有体现我国社会主义制度的优越性，那也不是社会主义。"改革开放以来，伴随着经济社会持续发展，我国组织实施了大规模扶贫开发行动，扶贫开发取得了举世瞩目的成就，人民生活水平不断得到提升。只有继续坚定不移地推进中国特色扶贫开发事业，才能不断增强贫困群众的获得感和幸福感，展示和证明中国共产党领导和中国特色社会主义制度的优越性。

打赢脱贫攻坚战事关巩固党的执政基础。得民心者得天下。中国共产党执政的根本宗旨是全心全意为人民服务。我们党只有始终践行以人民为中心的发展思想，坚持为人民服务的根本宗旨，真正做到为人民造福，执政基础才能坚不可摧。只有全体人民过上了好日子，才能巩固党的执政基础。打好脱贫攻坚战，是"十三五"期间的头等大事和第一民生工程，必须坚持把扶贫脱贫作为我们党治国理政的一项重要工作。

打赢脱贫攻坚战事关国家长治久安。改革开放以来，我国扶贫开发事业大踏步发展，极大地改变了贫困地区人民群众的生产生活状态和精神面貌，对促进社会进步、民族团结和谐、国家长治久安发挥了重要作用。在新的发展起点上，扶贫开发的标准在提高，更加注重发展型的民生改善。"十三五"时期，扶贫开发工作不仅要在改善贫困人口生产生活条件上着力，更要注重提升教育、医疗、文化等方面的公共服务水平，使他们跟上全面小康的步伐。只有让全体人民安居乐业，社会才能和谐稳定，国家才能长治久安。

新时期打赢脱贫攻坚战面临新挑战

作为世界上最大的发展中国家，我国一直是世界减贫事业的积极倡导者和有力推动者。我国承诺到 2020 年实现农村贫困人口全部脱贫，既是全面建成小康社会的必要条件，也是落实全球 2030 年可持续发展议程的重要一步，体现了中国作为负责任大国的历史担当。

当前，我国进入了全面建成小康社会的决胜阶段，扶贫开发进入了啃硬骨头、攻坚拔寨的冲刺期。我们必须清醒认识到脱贫攻坚的严峻形势，客观分析脱贫攻坚面临的新挑战。

脱贫攻坚时间紧任务重。现在到 2020 年只有不到 5 年时间，5500 多万贫困人口要全部实现脱贫，意味着每年要减少贫困人口 1000 万以上。而且，经过多年的努力，容易脱贫的地区和人口已经基本脱贫了，剩下的贫困人口大多贫困程度较深，自身发展能力比较弱，越往后脱贫攻坚成本越高、难度越大。以前出台一项政策、采取一项措施就可以解决成百万甚至上千万人的贫困，现在减贫政策效应递减，需要以更大的投入实现脱贫目标。与此同时，因灾、因病、因学返贫情况时有发生，采用常规思路和办法按部就班推进，将难以完成任务。

脱贫攻坚面临新环境。我国经济发展进入新常态后，经济下行压力在持续加大，贫困人口就业和增收难度增大，一些农民工因丧失工作重新陷入贫困，返贫压力加大。产业结构仍在调整过程中，传统产业扶贫带动效应减弱，一些新的产业尚在成长之中。面对新的环境，扶贫脱贫需要不断创新理念，探索结合生态保护脱贫、资产收益扶贫、光伏扶贫、电商扶贫、增加贫困人口在土地增值中的受益程度等新方式。

扶贫合力尚未形成。扶贫资金投入与脱贫攻坚战不适应，扶贫资金投入虽然总量不小，但仍然无法满足脱贫攻坚战的需求。各部门对扶贫投入呈现碎片化，资金使用分散，整合难度很大。财政扶贫资金分配和使用效率也有待提高。扶贫同农村低保、新农保、医疗救助、危房改造、教育救助等政策尚未有效衔接。

精准扶贫体制机制不健全。对精准扶贫精准脱贫的认识还不到位，一些实际工作还停留在"大水漫灌"的传统观念和方式上。一些地方表面上建立了精准扶贫工作机制，但实际上还是缩小版的"大水漫灌"。贫困地区和贫困人口脱贫主观能动性有待提高，"等靠要”思想还比较严重。脱贫攻坚的责任制度落实还不到位，与精准扶贫工作要求相适应的扶贫开发队伍有待加强。

坚决打赢脱贫攻坚战

打赢脱贫攻坚战，不仅是实现全面建成小康社会目标的现实需要，更是社会主义共同富裕目标的基础和前提。党的十八届五中全会将“扶贫攻坚”改成“脱贫攻坚”，体现了中央打赢脱贫攻坚战的决心，对扶贫工作提出了新的要求。打赢脱贫攻坚战，必须深入学习领会习近平总书记扶贫开发战略思想，从社会主义本质要求、“四个全面”战略布局、“两个一百年”奋斗目标来认识党中央的战略部署，切实增强做好扶贫开发工作的紧迫感、责任感、使命感。

以五大发展理念引领扶贫开发工作。做好“十三五”时期的扶贫开发工作，必须牢固树立创新、协调、绿色、开放、共享的发展理念，推动扶贫开发路径由“大水漫灌”向“精准滴灌”转变，扶贫资源使用方式由多头分散向统筹集中转变，扶贫开发模式由偏重“输血”向注重“造血”转变，扶贫考评体系由侧重考核地区生产总值向主要考核脱贫成效转变。坚持把“十三五”脱贫攻坚规划融入经济社会发展整体规划，推动扶贫开发项目与行业重大项目、重大工程、重大政策试点安排相衔接，脱贫攻坚规划与贫困地区基础设施建设、新型城镇化、特色产业发展、新农村建设等规划相融合，将革命老区、民族地区、边疆地区、集中连片贫困地区作为脱贫攻坚重点。牢固树立绿水青山就是金山银山的理念，把生态保护放在优先位置，扶贫开发不能以牺牲生态为代价，探索生态脱贫新路子，让贫困人口从生态建设与修复中得到更多实惠。

全面实施精准扶贫方略。实现精准脱贫，就是要根据致贫原因，采取分类措施脱贫，坚持因人因户因村施策。大力发展特色产业脱贫，重点支持贫困村、贫困户因地制宜发展种养业和传统手工业等；引导劳务输出脱贫，加大劳务输出培训投入，提高培训的针对性和有效性；实施易地搬迁脱贫，对居住在生存条件恶劣、生态环境脆弱、自然灾害频发等地区的农村贫困人口，加快实施易地搬迁工程；结合生态保护脱贫，实施退耕还林还草、天然林保护、防护林建设、生态治理等重大生态工程；着力加强教育脱贫，让贫困家庭子女都能接受公平有质量的教育，阻断贫困代际传递；开展医疗保险和医疗救助脱贫，保障贫困人口享有基本医疗卫生服务，努力防止因病致贫、因病返贫；实施农村最低生活保障制度兜底脱贫，对无法依靠产业扶持和就业帮助脱贫的家庭实行政策性保障兜底；探索资产收益扶贫；健全留守儿童、留守妇女、留守老人和残疾人关爱服务体系等。

实行更广泛的社会动员。进一步解放思想、开拓思路、创新机制，发挥好市场和政府两方面作用，构建政府、市场、社会协同推进的大扶贫开发格局，努力形成全社会广泛参与的扶贫开发合力。健全东西扶贫协作机制，建立精准对接机制，使帮扶资金主要用于贫困村、贫困户。健全定点扶贫机制，确保各单位落实扶贫责任。健全社会力量参与机制，鼓励支持民营企业、社会组织、个人参与扶贫开发，实施扶贫志愿者行动计划和社会工作专业人才服务贫困地区计划，实现社会帮扶资源和精准扶贫有效对接。引导社会扶贫重心下移，自愿包村包户，做到贫困户都有党员干部或爱心人士结对帮扶。落实企业和个人公益扶贫捐赠所得税税前扣除政策，对于吸纳农村贫困人口就业的企业，按规定享受税收优惠、职业培训补贴等就业支持政策。通过政府购买服务等方式，鼓励各类社会组织开展到村到户精准扶贫。完善扶贫龙头企业认定制度，鼓励有条件的企业设立扶贫公益基金和开展扶贫公益信托，增强企业辐射带动贫困户增收的能力。构建社会扶贫信息网络，探索发展公益众筹扶贫，着力打造扶贫公益品牌，提高社会扶贫公信力和美誉度。

改革创新扶贫体制机制。落实《省级党委和政府扶贫开发工作成效考核办法》，强化脱贫攻坚领导责任制，逐级签订脱贫攻坚责任书，为精准扶贫提供组织保障。改进贫困县考核机制，由主要考核地区生产总值向主要考核扶贫开发工作成效转变，引导贫困地区党政领导班子和领导干部把工作重点放在扶贫开发上。建立精准扶贫工作机制，健全干部驻村帮扶机制。改革财政专项扶贫资金管理机制，把资金分配与工作考核、资金使用绩效评价结果相结合，探索以奖代补等竞争性分配办法。完善金融服务机制，充分发挥政策性金融的导向作用，支持贫困地区基础设施建设和主导产业发展。充分重视发挥基层党组织战斗堡垒作用，精准选配第一书记，精准选派驻村工作队。健全脱贫成效评估机制，落实贫困县约束机制，严格扶贫考核督查问责，确保精准扶贫精准脱贫工作落实落细落小。

（摘自求是网 2016 年 3 月 15 日）

"五大发展理念"引领全面建成小康社会

张立群

作者简介：张立群，国务院发展研究中心宏观经济研究部研究员，发展研究中心学术委员会副秘书长，享受国务院特殊贡献津贴。中央社会主义学院兼职教授。长期从事宏观经济分析和经济发展战略、规划研究。

"五大发展理念"着力增强发展动力，是破解发展难题的"金钥匙"

经过 60 多年，特别是改革开放 30 多年以来的发展，我国各领域的发展取得长足进步，人民生活水平得到全面提升，经济总量已经跃居世界第二。成绩可喜，但存在的问题同样不能忽视。"五大发展理念"针对的就是我国发展中的突出矛盾和问题，致力于破解发展难题，增强发展动力、厚植发展优势，对于全面建成小康社会非常重要。如何破解？"五大发展理念"就是 5 把"金钥匙"。以创新发展理念为例，尽管我国科技实力取得明显进步，但科技领域的自主创新还是"高原"多，"高峰"少，因此只有把创新摆在国家发展全局的核心位置，让创新贯穿党和国家一切工作，使创新成为引领发展的第一动力、人才成为支撑发展的第一资源，才能实现发展动力转换，提高发展质量和效益。可以说，创新发展理念聚力解决的正是创新和发展动力不足的问题。

既要金山银山，也要绿水青山，这样的口号喊了很多年了，但如何才能平衡好这"两座山"的关系，使发展真正不以破坏生态环境为代价，"五大发展理念"中的绿色发展理念，给出了明确的答案。近年来，我国一些地方转变发展方式，不仅使生态环境得到了改善，经济发展也在转型中实现升级，这一个个活生生的例子，为绿色发展理念作出了最好的注解。同时，在气候变化问题全球关注的背景下，作为最大的发展中国家，我国致力于解决好本国人与自然和谐的问题，就是在为全球生态安全做贡献。总之，我们可以看到，"五大发展理念"聚焦的是突出问题，为的是在补齐实现全面小康的短板上投入更多力量，做足文章，最终让"全面"不留遗憾、更不因短板而功败垂成，让"全面"完满以至完美。

"五大发展理念"能焕发出勃勃生机、化作巨大能量

发展理念是发展行动的先导。让"五大发展理念"这一我党对发展规律的再深化和新飞跃真正见成效，需要一项项具体的举措来保障。

马克思说，一个行动胜过一打纲领。矛盾和问题，既怕识破，更怕攻破。比如，在创新发展这个难题上，就不能只喊创新没有行动，或者说得多做得少，那是远远不行的。营造良好的创新环境，让人才敢创新、让企业敢投入，并在政策、法律、金融、舆论等方面给予创新保障，就是实实在在鼓励创新、支持创新、参与创新。再比如，绿色发展，既要严厉"禁"，更要有效"引"，既创新完善补偿机制，又指导转变发展方式，只有这样，才会让企业生产告别粗放式、高耗能的生产方式，就会让绿色发展理念深入人心，见诸行动，取得实效。

尤其值得注意的是，当前围绕落实"五大发展理念"制定政策和举措时，这些措施必须瞄准国家发展水平跃升，必须依据中国现今的实际和实践，必须着力解决中国到2020年以及未来一个时期的发展问题。与此同时，还应该在做足调研上下功夫，让每项举措都于法有据，同时还要防止举措高、大、空，真正让一项项举措都接地气，顺民意，解难题。

"五大发展理念"是具有内在联系的集合体，必须打好"组合拳"

全面建成小康社会，重在打好"五大发展理念"的"组合拳"。

应该认识到，"五大发展理念"是一个整体，一个不能少，一个不能游离，都是为了坚持和发展中国特色社会主义。其中，创新是引领发展的第一动力，协调是持续健康发展的内在要求，绿色是永续发展的必要条件，开放是国家繁荣发展的必由之路，共享是中国特色社会主义的本质要求。

从理念内容看，创新、协调、绿色、开放、共享五者相互依存、相辅相成、相得益彰。从理念逻辑看，第一动力、内在要求、必要条件、必由之路、本质要求五者紧密联系、层层递进、顺理成章、交相辉映。从发展理论看，"五大发展理念"正在"精神变物质"，增强发展的整体性、协调性、平衡性、包容性、可持续性，既对传统发展进行革新升级，又对现代发展内涵进行全面提升、对现代发展外延予以全方位拓展。从执行操作看，必须将"五大发展理念"统一贯彻、统一落实，一体推进、一起发力，不能顾此失彼，也不能相互代替，从而赢得全面建成小康社会的全面胜利。

我们所要实现的全面小康，是城乡区域共同的小康，是惠及全体人民的小康，是经济、政治、文化、社会、生态文明建设五位一体全面进步。7017万农村贫困人口能否同步小康？2.5亿城镇外来常住人口如何平等享受公共服务？如何在生产能力迅速扩大的同时，提升优质生态产品的提供能力？《中共中央关于制定国民经济和社会发展第十三个五年规划的建议》指出，针对现阶段我国社会事业发展、生态环境保护、民生保障等方面存在的一些明显短板，必须坚持区域协同、城乡一体、物质文明精神文明并重、经济建设国防建设融合，进一步增强发展整体性。建成全面小康，首先必须弥补短板，而实际上，越是短板，越具有后发优势；越在薄弱环节上多用力，着力解决突出问题和明显短板，越能起到"四两拨千斤"的良好效果。同时还应注意，打好这个"组合拳"，各地必须因地制宜，在多管齐下的同时，也应抓住牵一发而动全身的关键点，努力做到"五大发展理念"相互配合，整体联动，在落实各项举措时相

互促进，使创新、协调、绿色、开放、共享"五大发展理念"真正
成为全面建成小康社会的行动指南。

（摘自《解放军报》2015 年 11 月 12 日）

做好农村改革的整体谋划和顶层设计

韩俊

作者简介：韩俊，中央财经领导小组办公室副主任、中央农村工作领导小组办公室副主任。曾任国务院发展研究中心副主任、国务院发展研究中心经济研究部部长。

党中央、国务院高度重视深化农村改革工作。党的十八届三中全会以来，农村各项改革正在扎实开展，一些重要改革事项试点工作正在有序推进，取得积极进展。当前，我国经济发展进入新常态，新型工业化、信息化、城镇化、农业现代化持续推进，农村经济社会深刻变革，农村改革涉及的利益关系更加复杂、目标更加多元、影响因素更加多样、任务也更加艰巨。农村改革综合性强，必须树立系统性思维，做好整体谋划和顶层设计，找准牵一发而动全身的牛鼻子和主要矛盾，进一步提高农村改革决策的科学性。为从全局上更好地指导和协调农村各项改革，提高农村改革的系统性、整体性、协调性，最近中办、国办印发了《深化农村改革综合性实施方案》(以下简称《实施方案》)，明确了深化农村改革总的目标、大的原则、基本任务和重要路径。《实施方案》是协调推进农村改革的总遵循，是深化农村改革的总体"施工图"。要按照《实施方案》的要求，坚持不懈地推进农村改革，不断完善和巩固中国特色社会主义农村基本经济制度，健全保障国家粮食安全、促进农业可持续发展和农民持续增收的体制机制，着力破除城乡二元结构的体制障碍，为加快推进中国特色农业农村现代化提供制度保障。

守住底线，增强深化农村改革的方向感

农村改革是全面深化改革中的重头戏，抓好农村改革，必须从总体上把握好方向，防止农村改革走偏跑调，避免犯不可挽回的方向性错误。深化农村改革，要坚守土地公有制性质不改变、耕地红线不突破、农民利益不受损这"三条底线"。土地是农民的生存之

本，土地制度改革涉及农民的根本利益，涉及农村的根本制度。以土地集体所有为基础的农村集体所有制，是社会主义公有制的重要实现形式，是促进农民逐步实现共同富裕目标的制度保障。深化农村改革，必须坚持土地的公有性质。推进农村土地流转，一定要防止一些人以搞农业的名义到农村大量租赁土地后搞非农建设、搞"非粮化"，侵犯农民利益，影响耕地保护和粮食安全。对资本下乡，一定要建立起规范、管用的准入和监管制度，扎好防范风险的"篱笆"。在工业化、城镇化过程中，一定要把好耕地保护关，不能让一些人以改革之名行占用耕地之实，要坚决防止占多补少、占优补劣、占水田补旱地的现象。如果在这个问题上出现闪失，我们将犯难以改正的历史性错误，对不起祖宗、对不起子孙后代。保障农民的物质利益和民主权利，保护和调动好农民的积极性，是党正确处理农业、农村和农民问题的基本准则。深化农村改革，必须把增进农民福祉，实现好、维护好、发展好广大农民的根本利益作为出发点和落脚点。要保持现有农村土地承包关系稳定并长久不变，落实集体所有权，稳定农户承包权，放活土地经营权，依法保障农民的合法财产权、平等就业权、公平受教育权以及享受社会保障的权利，尊重农民的民主权利，绝不能忘掉农民的冷暖，绝不能侵犯农民的合法权益，绝不能违背农民的意愿。

农村改革要破解的难题很多，抓好农村改革，必须注重体制机制创新。全面深化农村改革要实现的主要目标是：农村集体资产所有权、农户土地承包经营权和农民财产权的保护制度更加完善，新型农业经营体系、农业支持保护体系、农业社会化服务体系、农业科技创新体系、适合农业农村特点的农村金融体系更加健全，城乡经济社会发展一体化体制机制基本建立，农村社会管理和农村基层组织制度更加完善，农民民主权利得到更好保障，农业农村法律法规进一步加强，农村基层法治水平进一步提高。要通过实施综合性的体制机制创新，调整不适应农村社会生产力发展要求的生产关系，为农村经济社会发展注入新活力，提升农业现代化水平和农民生活水平，确保到2020年亿万农民与全国人民一道迈入全面小康社会。

打出"组合拳"，增强推进农村改革的整体感

农村改革涉及面广，农村各项改革相互之间又有内在的逻辑关联，农村改革不能搞单兵突进，只顾其一不及其他；不能把改革"碎片化"，各唱各调、各喊各号，必须把农村改革作为一个整体来统筹谋划实施。集体产权制度、农业经营体系、农业支持保护、城乡一体化体制机制、农村社会治理体系等五大领域的改革，对健全符合社会主义市场经济要求的农村制度体系框架来讲，具有"四梁八柱"的作用，要从全局上牢牢把握好这五大重点领域的改革和相互之间的关系，统筹考虑农业和农村改革发展，统筹考虑城乡改革发展，统筹兼顾公平与效率，加强各项改革之间的衔接配套，最大限度释放改革的综合效应。

一要深化农村集体产权制度改革。产权制度是市场经济的基础制度。在中国特色农村基本经济制度中，既有农民家庭经济，也有集体经济、合作经济、国有经济。在土地集体所有基础上建立的农村集体经济制度，与村民自治制度相互配合，构成了我国农村治理的基本框架，为中国特色农业现代化提供了基本支撑。改革开放以来，农村集体资产总量有很大的增长，但农村集体资产产权归属不清、权责不明、保护不严、流转不畅的问题日益突出，在很多地区，集体经济缺乏发展活力，集体资产保值增值困难，集体经济组织与农民的利益联结不够紧密。推进农村集体产权制度改革，就是围绕稳妥推进农村土地制度改革、对农村集体经营性资产实行确权到户的股份合作制改革，以及探索有利于提高公共服务能力的非经营性资产集体统一运营管理有效机制，以保护农民集体经济组织成员权利为核心，以明晰农村集体产权归属、赋予农民更多财产权利为重点，探索社会主义市场经济条件下农村集体所有制经济的有效组织

形式和经营方式，确保集体经济发展成果惠及本集体所有成员。

二是加快构建新型农业经营体系。农业经营体系是建设现代农业的核心和基础。随着工业化、城镇化的快速推进，农业生产组织形式和经营方式深刻变化，各种新型农业经营和服务主体不断涌现。"谁来种地、谁来建设现代农业"，已经成"三农"发展绕不过去的一道坎。加快构建新型农业经营体系，就是围绕推动土地经营权规范有序流转、加强农民合作社规范化建设、创新农业社会化服务机制、培养职业农民队伍、健全工商资本租赁农地的监管和风险防范机制、推进农垦改革发展和全面深化供销合作社综合改革，以提高土地产出率、资源利用率、劳动生产率为核心，坚持家庭经营在农业中的基础性地位，培育家庭农场、专业大户、农民合作社、农业产业化龙头企业等新型农业经营主体，推进家庭经营、集体经营、合作经营、企业经营等共同发展，构建符合国情和发展阶段的以农户家庭经营为基础、合作与联合为纽带、社会化服务为支撑的立体式、复合型现代农业经营体系。

三是健全农业支持保护制度。农业支持保护是发展现代农业的客观需要。世界各国特别是发达国家都对农业进行补贴和保护。这些年来，国家财政对"三农"的投入快速增长，农业补贴涵盖的范围越来越宽，已初步构建了一套适合我国国情的比较完整的农业支持保护体系。农业支持保护政策有力促进了粮食增产和农民增收，取得了明显的成效。但是，由于我国农业发展底子薄，农业基础设施投入欠账多，目前的支持保护力度还不能满足发展现代农业的客观需要。近年来，我国国内农业生产成本快速攀升，大宗农产品价格普遍高于国际市场，农业比较效益偏低，保证饭碗牢牢端在自己手里，保证农业产业安全，提升我国农业竞争力，必须进一步加强对农业的支持保护。随着财政收入增幅趋缓以及农业补贴日益逼近我国加入世界贸易组织承诺的"黄箱"补贴上限，农业支持保护政策也需要调整和完善。健全农业支持保护制度，就是围绕建立农业农村投入稳定增长机制、完善农产品价格形成机制和农产品市场调控制度、完善农业补贴制度、建立农田水利建设管理新机制、深化农业科技体制改革、建立农业可持续发展机制、加快农村金融制度创新，加大农业支持保护力度，完善农业生产激励机制，提高农业支持保护效能，加快形成覆盖全面、指向明确、重点突出、措施配套、操作简便的农业支持保护制度。

四是健全城乡发展一体化体制机制。推动城乡发展一体化是解决我国"三农"问题的根本途径。近年来，国家采取了一系列强农惠农政策，作为公共资源最核心部分的公共财政，其覆盖农村的范围不断扩大，逐步从纯公共产品向准公共产品延伸，已基本改变了"农民的事农民自己办"的格局，农村社会事业和公共服务供给机制发生了重大变化，国家与农民的分配关系实现了由少取、不取到多予的历史性重大转折。自 2010 年以来，城乡居民收入差距已经连续5 年缩小，统筹城乡发展迈出重大步伐。但农村发展滞后、城乡发展差距过大的问题依然突出。我国正处在加速破除城乡二元结构的关键时期，健全城乡发展一体化体制机制，就是围绕完善城乡发展一体化的规划体制、完善农村基础设施建设投入和建管机制、推进形成城乡基本公共服务均等化的体制机制、加快推进户籍制度改革、完善城乡劳动者平等就业制度，协调推进城镇化和新农村建设，加快拆除城乡二元结构利益藩篱，推进城乡要素平等交换和公共资源均衡配置，加快形成以工促农、以城带乡、工农互惠、城乡一体的新型工农城乡关系。

五是加强和创新农村社会治理。改革开放以来，伴随着市场化、工业化、城镇化的快速推进，农村人口社会流动性越来越强，常年在外打工、完全脱离农业生产的农村劳动力占的比例越来越大，举家外出、完全脱离农村的人口越来越多，农业副业化、农村老龄化、村庄空心化越来越明显，留守儿童、留守妇女、留守老人规模庞大。随着农村社会关系快速分化和重新组合，农村社会结构由封闭向开放、由单一向多元加速转变，农村阶层多元化、农民利益诉求多样化，农村社会治理面临新问题。加强和创新农村社会治理，就是围绕加强农村基层党组织建设、健全农村基层民主管理制度、加强农村精神文明建设、创新农村扶贫开发体制机制、深化农村行政执法体制改革，坚持党政主导、农民主体、社会协同，提高农村基层治理水平，发挥好农村基层党组织的领导核心作用，完善村民自治组织民主制度，形成规范有序、充满活力的乡村治理机制。

加强指导和协调，增强深化农村改革的行动感

全面建成小康社会，最艰巨最繁重的任务在农村。当前，我国农业农村发展正处于重要的转折阶段，面临的环境更加复杂，需要应对的挑战日益增多，农业农村发展中的许多矛盾难题不靠改革破解不了，农民的物质利益和民主权利不靠改革保障不了，做强农业这条“短腿”，补齐农村这块“短板”，根本出路在改革。各级党委、政府要按照党中央、国务院的总体部署，切实增强领导、组织、监督农村改革工作的主动性和自觉性。要坚持问题导向，下大力气解决好农民群众最关心最直接最现实的利益问题。要完善各级党委、政府推进农村改革的领导体制和工作机制，健全和落实责任制度。主要负责同志要亲自抓农村改革工作，把握好方向和路径，加强对农村改革工作的指导，确保改有所成、改有所进，提高广大农民对改革的认同感和获得感。

确保农村改革落到实处，一是鼓励支持地方大胆探索创新。为农村改革定原则、划底线，绝不是要束缚各地的手脚，而是为改革指明方向，做到蹄疾而步稳。各地农村经济社会发展水平差异很大，存在的矛盾和问题各不相同，发展现代农业和推进新农村建设，必然是起点有差距、进程有快慢、水平有高低、重点有不同，不可能有统一的模式。必须发挥好中央和地方两个积极性，既要重视顶层设计，通盘考虑，高位推进，又要为基层探索创新留出足够的空间，

放手让基层干部、广大农民群众去闯、去探索。只有这样，才能在更高层次上驾驭农村改革。二是扎实开展改革试点。要制定科学、规范的改革试点方案，明确任务和重点，强化责任、明确分工，提出可检验的成果形式和时间进度安排。及时总结提炼改革试点中可复制、可推广的经验。三是形成推进农村改革的合力。现阶段的农村改革已经由农村内部利益关系的调整，转向工农、城乡以及国民经济部门之间利益格局的调整，涉及的利益关系更为广泛和复杂。农村改革的独立性大大降低，城乡改革的关联性大大增强。推进农村改革，要强化统筹协调，形成推进农村改革的整体合力。四是做好改革督查工作，努力使出台的改革举措落地生根。建立改革预警监测机制，对改革效果进行全面、科学评估，切实提高改革质量。五是做好农村改革决策与立法的衔接，加快推动有关法律法规的立、改、废、释工作，确保农村重大改革于法有据。

（摘自《人民日报》2015 年 11 月 3 日）

共建共享社会治理格局的意涵与现实意义

王思斌

作者简介：王思斌，马克思主义理论研究与建设工程社会学教材编写课题组主要成员。北京大学社会学系教授、系主任、博士生导师。中国社会学会副会长，中国社会工作教育协会会长。国务院学位委员会第六届学科评议组成员。著名社会学家、社会工作学家、农村问题研究专家。

从社会管理格局到社会治理格局

进入新世纪以来，党中央越来越注重社会秩序的维护和建设，这既是我国进入新时期面临新机遇、新挑战所要求的，也是社会主义现代化建设的本质要求。在经济持续高速发展、社会矛盾不断增加的情况下，中共中央十六届四中全会作出了"建立健全党委领导、政府负责、社会协同、公众参与的社会管理格局"的重要决定，构建社会管理新格局成为那个阶段各级党组织和政府的重要任务。然而由于那一时期经济社会问题的复杂性，也由于对创新社会管理过多做了维稳式理解，所以中央所期望的社会管理格局并没有真正形成，倒是积累了许多经济社会问题。其重要表现是片面追求经济增长导致矛盾多发，自上而下、依靠强制力量、治标不治本的维稳导致问题积累和社会矛盾激化，特别是官民矛盾的激化。这种维稳式社会管理看起来是解决了问题，但是实际上却伤害了官民关系、政企关系，使许多地方的社会秩序走向紧张。不解决这一问题就是抽去了社会主义和谐社会的精髓，就不能真正走向和实现执政党所期望、并向人民承诺的全面建成小康社会的目标。中共中央十八大审时度势提出要"加快形成党委领导、政府负责、社会协同、公众参与、法治保障的社会管理体制"，这是对过去一段时间社会管理中出现问题的纠正。

中共中央十八届三中全会提出"创新社会治理体制"的任务，用"社会治理"代替"社会管理"是执政党社会管理思想和理念的重要转变，它表示了对过去维稳式社会管理的反思，是对新的社会管理方式的探索，也是对现代国家治理体系和治理能力现代化的积极实践。在此基础上，中共中央十八届五中全会又进一步提出"加强和创新社会治理，推进社会治理精细化，构建全民共建共享的社会治理格局"。从"创新社会治理体制"到"构建共建共享的社会治理格局"反映了执政党对社会治理理念和体制、机制的认识达到了新的高度，从而也为在本质意义上实现共建共享的社会治理奠定了理论基础。

共建共享社会治理格局的涵义

1. 格局的涵义

要分析共建共享社会治理格局的现实意义，就要先分析"社会治理格局"和"共建共享"。格局在社会学、政治学中并不是一个常用的概念，但它包含的意义是深刻的。在社会学著述中，费孝通教授曾经用"格局"来反映乡土中国与西方国家基础社会结构的差异，这就是著名的"差序格局"与"团体格局"的概念，这里的"格局"说的是基本的社会关系结构的形态。可以认为，格局是在一定范围或系统内形成的、各部分之间基本的、结构性关系。格局具有基本性、框架性、对整体关系影响的重要性等特点。格局是相对稳定的关系结构，它影响或制约着该范围（系统）内基本的互动关系或模式，在相当大程度上左右着相关各方互动的走向。格局是结构性的关系，但它又是人们共同活动的结果。人们可以通过一定的活动建构某种关系，进而形成某种关系格局。

2. 社会治理格局

社会治理格局是社会治理领域相关各方形成的比较稳定的、基础性的关系，也是社会治理主体之间的基本关系或基本的治理关系。所谓治理关系是利益相关的治理主体之间的权力、义务和制约关系，它标志着相关各方可以怎样去实现治理，以解决他们之间的利益不一致、权力不平衡问题。治理关系可分为平等关系和依从关系，治理可以有集权治理、合作治理、协同治理等类型，它们都反映了在一定的治理场域中，相关各方在何种位置上、依据何种能力和资源、用何种方式、遵循何种规则去与其他主体互动，以实现某种秩序。各治理主体之间的相互位置、权力关系、资源对比、互动方式的集合就是治理格局。

现实中的社会治理格局具有多种类型，这与社会治理场域中作为治理主体的实践者对治理问题的认识、各方所拥有的治理资源、制约治理活动的制度因素等有关，特别与权力（或能力）较大者对问题的认识和他所认可的约束性制度及要达到的目标有关。

3. 社会治理格局的共建共享性

治理格局是一种结构框架，它指导或影响着该场域实践者的行动。同时，作为一种治理关系框架，治理格局又是各方参与者共同行动的结果。也就是说，社会治理格局是可以建构的。当参与者的治理理念、参与治理的方式和方法、对治理目标的认识发生变化，并成为人们新的治理行动后，新的治理格局就要产生了。新的社会治理格局的形成是相关各方共同建构的结果。

社会治理格局是共建的，因为治理本身的含义就是利益相关方的共同参与、相互协商，没有共同参与、相互协商就不可能形成治理，也不是真正的治理。当然，治理也不都是理想模式，即理想化的治理。在许多情况下，由于利益相关各方在治理格局中的位势不同，他们所掌握的参与治理的资源不同，所以在实践中可能会出现治理方式有所改进但未达到理想状态的现象。比如，在信息不完全公开、治理关系中的弱者了解信息不充分的情况下，治理关系中的优势一方可能通过某种方式促进双方"共识"的达成，但这种"共识"的达成可能会造成对较弱一方的伤害。显然，这里的治理是"共建"的，似乎也有"共享"的性质，但是这并不是理想的治理。

十八届五中全会把共建共享作为社会治理格局的重要特征，显然不是就其最小程度而言的，而是希望在最大程度上实现共建共享。

按照上面所说的治理的基本特征，共建共享的社会治理就是各治理主体比较充分地参与，进行比较充分地协商，达到尽可能大的共识，进而采取相互配合的治理行动。当然，这里的本质问题是，这一过程应该照顾到各方利益、利益分配相对公平，这种协商、合作的结果能得到各方的更多的接受和承认，这就是共享。唯有如此，社会治理才是有效的、可持续的，才能实现保护各方的基本利益和促进社会秩序的效果。

构建共建共享社会治理格局的现实意义

十八届五中全会提出构建共建共享的社会治理格局，既是对社会治理本质的更深刻认识，也具有重要的现实意义。我们前面说过，社会治理在本质上是共建共享的。但是由于我国在社会领域引进治理理念的时间还不长，人们对治理的本质认识不足，特别是长久以来形成的只有政府才是治理主体的理念（这表现为政府独有的管理社会的责任和权力），因此治理在很大程度上并不是共建共享的。这种状况在市场经济体制得到较快发展，各地政府极力追求经济的高速增长，甚至动用强制力量"维护发展秩序"的情况下表现得比较充分。中央一贯强调要"从最广大人民的根本利益出发"，但有的干部却从自己的政绩出发，用自己的政绩去"涵盖"人民群众的利益，从而造成强力维稳、压制群众正常诉求的现象，其结果是当时的问题解决了，但是矛盾也积累了，并成为潜在风险。在这种大背景下，中共中央强调构建共建共享社会治理格局的现实意义是十分明显的。只有共建共享，才能化解利益冲突；只有共建共享，才能变冲突为协调，变对立与合作；只有共建共享，才能进一步增强社会发展的活力，实现良性社会秩序，进而维护人民的根本利益。

（摘自《国家行政学院学报》2016年第1期，原文标题：《社会工作在构建共建共享社会治理格局中的作用》）

五

科教建设篇

　　深化科技体制改革，引导构建产业技术创新联盟，推动跨领域跨行业协同创新，促进科技与经济深度融合。加强技术和知识产权交易平台建设，建立从实验研究、中试到生产的全过程科技创新融资模式，促进科技成果资本化、产业化。全面贯彻党的教育方针，落实立德树人根本任务，加强社会主义核心价值观教育，培养德智体美全面发展的社会主义建设者和接班人。深化教育改革，把增强学生社会责任感、创新精神、实践能力作为重点任务贯彻到国民教育全过程。

深化科技体制机制改革　实施创新驱动发展战略

白春礼

作者简介：白春礼，中国科学院院长、党组书记、学部主席团执行主席，新一届发展中国家科学院院长。中共十五届、十六届、十七届中央委员会候补委员。中国科学院院士，发展中国家科学院院士，美国国家科学院、俄罗斯科学院外籍院士，英国皇家化学会荣誉会士，德国工程院院士，印度科学院荣誉院士等9个国家科学院或工程院院士。美国、英国、瑞典、丹麦、俄罗斯、澳大利亚等多所大学的荣誉博士。兼任中国微纳协会名誉理事长、国家纳米科技指导协调委员会首席科学家、中国科学院大学校长等。2013年1月1日，正式就任 TWAS 院长。2014年5月，当选英国皇家学会外籍会员。

作为科技国家队和国家战略科技力量，如何准确把握创新驱动发展战略的新要求？中科院在国家创新驱动发展战略中应该发挥什么样的作用、如何发挥好应有的作用？当前面临的一些体制机制障碍如何通过深化改革加以破解？这些问题都需要我们深入思考、认真研究。下面，结合中国科学院工作实际，就学习习近平总书记关于创新驱动发展战略重要论述谈几点认识和体会。

创新的根本目的是为了驱动发展

回顾过去 30 年的科技体制改革，无论是"稳住一头、放开一片"、推动应用型院所转制、建设国家高新区，还是发展技术市场、扶持技术中介机构、设立国家科技重大专项，也包括鼓励和促进科技成果转移转化的一系列政策措施，都是为了解决科技与经济"两张皮"的问题，打通创新链与产业链的通道，使科技与经济更加紧密地结合在一起，更好地满足国家重大需求，支撑经济社会发展。

为什么现在要突出强调创新驱动发展，并将其提升到国家战略层面？我理解有三个方面的原因。

一是经过改革开放 30 多年来的快速增长，我国经济简单粗放的发展模式已经难以为继，以要素驱动、投资驱动为主的老路走不通了，能源资源和生态环境更无法支撑持续快速发展；特别是当前我国经济进入新常态，要保持经济中高速增长和向中高端水平迈进，必须依靠创新驱动。除此之外，没有其他路可以走。

二是世界新一轮科技革命和产业变革呈加速趋势，颠覆性技术不断突破科技前沿，改变产业业态、组织方式和生产生活方式，对国际经济政治军事安全外交等产生影响，成为重塑世界竞争格局的关键。习近平总书记反复强调，要实施好创新驱动发展战略，牢牢把握住新的历史机遇，再也不能像历史上那样，屡次与世界科技革命失之交臂。这也是我们这一、二代人的历史使命和责任担当。

三是我国科技经过60多年的发展，特别是国家科技中长期规划纲要实施以来，国家创新体系建设得到全面加强，创新队伍、创新能力、创新产出都有了根本性提升，初步具备了以跟踪、并行为主向并行、领跑为主转变的基础与条件。必须通过实施创新驱动发展战略，把科技优势进一步转化为产业优势、经济优势，打通从科技强到产业强、经济强的通道，实现由科技大国向创新强国的根本性转变。

以前中央讲要"把科技摆在经济社会发展的重要位置"，十八大报告在提出实施创新驱动发展战略时强调，"必须把科技创新摆在国家发展全局的核心位置"。后来，总书记又反复强调，要推动以科技创新为核心的全面创新。2014年的中央经济工作会议也强调"创新要实""创新必须落实到创造新的增长点上，把创新成果变成实实在在的产业活动"。这些重要论述，不仅把科技创新提到了前所未有的新高度，而且也对科技创新提出了前所未有的新要求，核心就是要把驱动发展作为创新的根本目的。我们从事科技创新活动，不能光看争取了多少项目和经费，发表了多少论文，申请了多少专利，而是要看我们的科研成果究竟为满足国家重大需求、支撑经济社会发展，作出了多少、多大实实在在的贡献。

创新驱动发展的关键是深化体制机制改革

目前，我国研发经费投入总量已经达到世界第二位，即使是投入强度也达到了中等发达国家水平；我国的研发人员数量雄踞全球榜首，几乎是美国、日本和俄罗斯的总和；从科技产出看，我们数量上也在世界上名列前茅，国内发明专利申请量全球第一，发表的国际科技论文数量也数一数二。但是，我们的科技水平和创新能力，还不能满足经济社会发展的需求；科技进步贡献率与发达国家相比，还有很大差距（科技部测算为 50% 多，发达国家一般为 80% 左右）；大量事关国家安全和产业发展的关键核心技术仍然受制于人，很多"卡脖子"问题仍然难以解决。

究其原因，虽然有很多因素，但其中最为关键的因素是体制机制问题，既有影响科技水平和创新能力提升的体制机制障碍，也有制约从科技强到产业强、经济强的体制机制障碍。正是为了解决这一问题，中央把深化体制机制改革作为实施创新驱动发展战略的根本任务，近期出台了《深化体制机制改革、加快实施创新驱动发展战略的若干意见》。《若干意见》提出几个方面的改革举措，既是这次体制机制改革的重点，也有可能成为这次改革取得突破性进展的亮点。

一是强调要理顺政府和市场的关系，形成经济社会发展主要依靠创新的倒逼机制，培育有利于创新驱动发展的社会环境和制度环境。比如，通过实施最严格的知识产权制度、打破制约创新的行业垄断和市场分割、改进新技术新产品新商业模式的准入管理等举措，发挥市场在资源配置中的决定性作用，形成适应创新驱动发展要求的制度环境和政策体系。

二是强调要深化科研院所分类改革，明确科研院所的分类定位，打破从科技到经济的制度藩篱，使创新链与产业链更好地相互贯通、有机衔接。在这方面，文件提出要改革高等学校和科研院所科研评价制度、强化技术转移机制、实施一批新的重大科技项目和工程等举措，目的是引导科技创新更好地集中优势力量，满足国家重大需求和经济社会发展的需要。

三是强调要坚持人才为先，充分调动各类人才的创新动力与活力。为此，文件提出了通过全面下放科技成果使用处置和收益权、将科研人员成果转化收益下限由 20% 提高到 50%、加大对科研人员股权激励力度、允许科研人员保留基本待遇到企业工作或创办企业等一系列有针对性、大力度的激励政策，积极支持和保障科研人员取得更多的合法收益。

当然，除了上述三个方面之外，文件中还有很多其他方面的重要改革政策和措施，都对中国科学院的改革和发展具有指导意义，都需要我们认真研究，结合实际认真贯彻落实。

以"率先行动"计划为中心，积极实施
创新驱动发展战略

就中国科学院而言，实施创新驱动发展战略，要以"率先行动"计划为中心，贯彻"三个面向""四个率先"的新时期办院方针，加大体制机制改革力度，全面落实各项改革创新发展任务。第一，要加强学习，深刻领会和准确把握创新驱动发展的形势和要求。在谋划和制定"率先行动"计划过程中，我们对国家创新驱动发展的形势、任务和要求，作了深入分析，提出了一系列改革举措。从 2014 年下半年开始，结合"率先行动"计划的组织实施，院党组一直重视研究分析当前国家全面深化改革的新形势，研究分析创新驱动发展战略的新任务。面对中央和国家有关部门一系列改革举措和政策加快出台，我们要进一步加强学习和研究。2015 年 6 月份，中国科学院科技战略咨询研究院将正式成立，作为国家科技智库的重要平台，研究院要把创新驱动发展战略和深化科技体制改革作为重大课题，组织好相关队伍，深入分析、系统研究，既为国家宏观决策提供咨询意见，也为中国科学院实施创新驱动发展战略提出决策建议。

第二，要前瞻谋划，在"十三五"规划中认真落实创新驱动发展战略的要求。2015 年是"十二五"收官之年，也是谋划"十三五"改革发展的关键一年。院党组已经对研究所"一三五"规划验收和院"十三五"规划的研究制定工作做了部署，相关部门正在按计划抓紧工作。2015 年夏季党组扩大会议的重点任务，是研究"十三五"

时期中国科学院的学科发展战略和重点科研布局。在研究制定
"十三五"规划中，我们要把国家创新驱动发展战略的要求，贯彻到
我们规划的方方面面；把国家经济社会发展的重大需求，体现到中
国科学院科研布局调整优化和重大任务部署工作当中；把国家深化
体制机制改革的重大政策举措，落实到中国科学院的各项改革工作
当中。我们要与国家有关部门、行业和地方加强沟通，积极协调，
做好规划。

第三，要抓好落实，确保各项改革举措落地生根、取得实效。
中央的政策措施也好，中国科学院"率先行动"计划提出的改革举
措也好，如果不能落实，就会像李克强总理所说的那样，千招万招
都是空招，千条万条都是白条。所以，我们要下大力气抓好各项改
革政策和措施的落实，真正建立起"人人负责、层层负责、环环相
扣、行之有效"的工作责任制度，并强化督查机制，对一些已经确
定的改革举措和任务，必须"盯住干、马上办、改到位"，特别是对
已启动的研究所分类改革试点工作，要抓紧抓实，着力从体制机制
改革上下功夫、求实效；对一些事关全局和长远发展的重大举措，
也要抓紧谋划、积极部署、扎实推进。

（摘自人民网 2015 年 10 月 27 日）

国家实验室建设要瞄准核心竞争力

穆荣平

作者简介：穆荣平，现任中国科学院科技政策与管理科学研究所所长、研究员、兼中国科学院大学公管学院常务副院长、博士生导师，中科院创新发展研究中心主任、中科院知识产权研究与培训中心主任。长期从事科技政策、技术预见、创新政策与管理、高技术产业国际竞争力研究。

　　我国自 20 世纪 80 年代开始建设国家重点实验室以来，在国家重点实验室、工程实验室、国家实验室建设等方面进行了许多有益探索。党的五中全会报告明确提出"十三五"期间在重大创新领域组建一批国家实验室，标志着国家实验室已经成为深入实施创新驱动发展战略的重要举措，迫切需要解放思想，进一步明确国家实验室定位、建设重点和运行管理机制。

　　首先，国家实验室是国家自主创新能力和竞争力的核心载体，是支撑国家创新驱动发展的核心力量。国家实验室功能定位必须从建设创新型国家和科技强国出发，以保障国家军事、经济、社会、国土、生态、能源资源、信息网络、空间海洋和核安全为使命，成为国家基础科学和前瞻技术综合研究及相关基础条件平台，成为国家战略高技术和产业关键核心技术研究开发与系统集成平台，成为国家高端科技创新人才集聚和培养基地。

　　其次，国家实验室建设必须以创新、协调、绿色、开放、共享发展理念为指导，兼顾国家当前和长远发展需求。国家实验室建设应充分借鉴国际经验，聚焦空天海洋、信息网络、人工智能、能源资源、智能制造、卫生健康、计量标准等重点领域，采用"自上而下"方式，依托基础较好的研究单元，集聚整合优势力量，组建法人实体的综合集成型国家实验室；面向世界科学技术前沿，在物质科学、生命科学、空间天文、工程技术等领域组建大型科技基础设施为核心与高端用户紧密结合的平台型国家实验室。

　　第三，国家实验室建设必须从构建科技强国科研体系角度出发，强化国家实验室的主导能力和作用。国家实验室必须始终将创新能力建设放在首位，集聚高端人才，夯实创新基础能力，在深化改革基础上，形成一批以法人实体的综合性国家实验室为核心，以国立科研机构为支撑，以大学和企业各类实验室为基础的专业化实验室网络集群，强化"自上而下"和"自下而上"两种组织模式的有效结合，显著提升国家战略领域核心竞争力，引领科学发展和战略产业发展方向。在厘清目前国家各类实验室、研究中心的功能定位基础上，形成国家实验室、国家工程实验室、国家重点学科实验室等国家实验室体系，形成功能互补、相互支撑、紧密合作的发展新局面。

第四，国家实验室管理必须坚持"宏观预算管理一体化"与"微观运行管理专业化"原则，强化预算、绩效和运行管理能力建设。国家实验室管理必须遵循创新规律，一方面要从提高整体管理效能出发，加强中央统一预算、绩效管理；另一方面要从政府经济社会发展管理职能分工和国家实验室领域特点等实际情况出发，借鉴主要国家经验，可以采取分布式管理模式，有利于强化政府对涉及国家安全的大型国家实验室的运行管理，有利于探索公私部门合作管理运行国家实验室新模式，推动国家实验室开放合作和国际化。

（摘自《科技日报》2016 年 3 月 16 日）

科技创新需改革人才培养方式

丁仲礼

作者简介：丁仲礼，现任中国科学院副院长，中国科学院大学校长，浙江大学北京校友会会长，十一届全国人大常委，北京市第十届政协常委，第十届全国政协委员，中国民主同盟副主席。兼任中国第四纪研究委员会主任，中国矿物岩石地球化学学会副主任，国际 IGBP-PAGES 执委会委员。

科技创新是实施创新驱动发展战略的核心，科技创新能力主要取决于人才。因此，创新驱动说到底是人才驱动。经历几十年的快速发展，我国科技人才数量已居世界前列，但要从人才大国转变为人才强国，任务还很艰巨，尤其是在科技人才培养方式上还需要进行实实在在的改革。

当今时代，绝大部分优秀科技人才都经历了系统的本科、研究生教育。因此，改革人才培养方式，需要对高等教育不同阶段的目标定位、培养重点、课程体系、教学方式等作出妥善安排，使历时10年左右的人才培养形成一个紧密衔接的体系。从本科教育看，目前有一些问题值得关注。

一是对本科低年级教学不够重视。过去有一个很好的传统，即安排最好的老师给本科一、二年级学生授课，使其尽快适应大学的学习方式。然而，在建设研究型大学的过程中，这个传统被削弱了。随着科研成果在大学评价、教师评价中的占比不断增大，最优秀的教师很少有时间站在本科课程的讲台上。其实，科研与教学并非二元对立，而是相互促进的，大学的科研应与学科建设紧密联系起来。

二是尚未把尊重学生的兴趣落到实处。兴趣是最好的老师，但在本科教育实践中，通过激发学生兴趣来提高其学习积极性做得还不够，许多学校对学生转专业等问题缺乏弹性制度安排，以至于许多有"专业情绪"的学生早早失去了学习积极性。

三是课程体系通识化有待加强。在我国开始大规模研究生招生前，本科教育强调专业性人才培养。而研究生教育发展起来后，本科教育的重点应尽快转到通识性人才培养上。但目前，真正意义上的通识性人才培养体系还有待建立。对于创新型科技人才培养来说，其课程学习应主要经历公共基础课、专业基础课、专业方向课三个阶段，最后进入科研阶段。本科阶段的重点应是公共基础课、专业基础课学习，其中人文社科类课程应占较高比例，还应留出空间让学生自主选课。

四是尚未建立淘汰制度。要成为高水平科技人才，学生必须下苦功读书、做学问。这就需要建立一套机制，使本科阶段的学习比高中阶段更辛苦、研究生阶段的学习比本科生阶段更忙碌。当前，一些大学生尽管天资很高，但由于各种原因出现"混日子"现象。对于这一现象，最好的解决办法就是建立淘汰制度。当然，现阶段要在所有大学都建立以学业表现为标准的淘汰制度是比较困难的，但应鼓励先行先试，同时对于被淘汰的学生要有妥善的制度安排。

研究生教育是优秀科技人才的主体培养阶段，其中一些问题也需要关注。我国的研究生教育以大学为主、研究院所为辅，近年来则越来越强调科教融合。从研究生的培养目标——学会做研究出发，目前的格局有其可取之处。但从操作层面看，有不少方面需要改革。例如，课程体系与教学方式问题。研究生阶段的课程学习，应在专业方向课学深的基础上，再追求相关专业知识的广博。在教学上，不能采取"满堂灌"的方式，而须把重点放在研讨式学习上，把自学与研讨相结合作为主要方式。对于学术型研究生，目前分别通过硕士、博士研究生考试招录。为提高培养效率，这种做法可以适当调整。今后应更多以博士研究生方式录取学生：有意读博的学生，必须通过严格的博士资格考试才能撰写博士论文，通不过者撰写硕士论文。这样可以保证研究生在 5 年左右的时间内集中攻读一个专业方向，而硕士读完再考博士则难以做到这一点。还需要建立和完善更有利于科技创新人才培养的研究生名额分配机制，优先满足优秀导师、国家重点项目承担人、研究经费充裕者以及核心关键技术研发、未来技术研究、科技难题攻关单位和团队的招生需求。此外，研究生培养的经费支出包括奖学金，应主要来自科研经费，同科研项目紧密联系。

（摘自《人民日报》2015 年 11 月 4 日）

用"五大理念"引领"十三五"教育改革发展

朱永新

作者简介：朱永新，现任中国民主促进会中央委员会副主席，第十二届全国政协副秘书长、常务委员会委员，中国教育学会副会长，中国叶圣陶研究会副会长兼秘书长，苏州大学教授、博士生导师，北京大学、北京师范大学、同济大学等兼职教授。新教育实验发起人。

　　"十三五"时期是全面建成小康社会的决胜阶段，也是中国教育改革与发展的关键时期。《中共中央关于制定国民经济和社会发展第十三个五年规划的建议》（以下简称《建议》）明确提出，实现"十三五"时期发展目标，破解发展难题，厚植发展优势，必须牢固树立并切实贯彻创新、协调、绿色、开放、共享的发展理念。这"五大理念"，也是推动"十三五"期间中国教育改革与发展的重要指导思想。

用创新发展理念引领教育创新与创新教育

　　党的十八届五中全会指出，创新是引领发展的第一动力。要把创新摆在国家发展全局的核心位置，让创新贯穿党和国家一切工作，让创新在全社会蔚然成风。改革开放以来，中国经济社会快速发展，已经从低收入国家迈入中等收入国家行列。过去那种以廉价劳动力为优势、以牺牲环境和透支资源为代价的发展模式已经走到了尽头，这就需要创造新的发展模式，实施创新驱动发展战略，发挥教育与科技创新在全面创新中的引领作用，推动大众创业、万众创新。

　　创新不是凭空臆造的，它建立在知识的传播、转化和应用的基础之上，而这一切又深深扎根于教育。从国际经验看，凡是跨越中等收入陷阱的国家，如韩国、日本等，都是依靠教育的力量，依靠创新取得成功的。

　　因此，全面提高国民的创新意识和能力，首先应从教育创新入手，大力提倡和实施创新教育，培养出与时代潮流相适应的、具有创新意识和创新能力的高素质人才，进而提高整个民族的创新水平。

从人才成长与科学研究的规律来看，创新教育尤其应该在以下四个方面下功夫：一是保护好奇心。好奇心是打开未知世界之门的钥匙，提出问题比解决问题更重要。应该让学生养成提问的习惯，养成打破砂锅问到底的精神。二是尊重差异性。每个人都是一个世界，每个人都有不同的潜力与可能。整齐划一的教育，分数第一的学校，永远不会培养出创造性的人才。好的教育应该让每个生命成为最好的自己，应该给每个人最大的发展空间，帮助每个人发现自己的特长和优势。三是树立自信心。自信是迈向成功的第一步，也是最重要的一步。应该帮助学生建立起对自己的信心，应该鼓励学生向未知的世界挑战，向自己的潜能挑战，让学生享受成功的喜悦，享受战胜困难与战胜自我的感觉。四是培养意志力。科学研究与创造的过程是漫长而复杂的，急功近利、心浮气躁不可能有所成就。应该努力培养学生坚忍的意志品质，让学生学会顽强地应对困难，永不言败，永不放弃。

用协调发展理念引领区域教育均衡发展与各级各类教育协调发展

党的十八届五中全会提出，协调是持续健康发展的内在要求。必须牢牢把握中国特色社会主义事业总体布局，正确处理发展中的重大关系，重点促进城乡区域协调发展，促进经济社会协调发展。

长期以来，在效率优先、重点建设的政策导向和错误政绩观的影响下，我国教育存在着明显的不协调。一是区域教育发展不协调。东西部教育差距较大，如上海小学生生均教育经费是贵州的 7 倍，初中生生均教育经费是江西的近 10 倍。城乡教育不协调，存在明显的城乡"二元结构"。城市和农村教育的硬件及软件相差很大，尤其是农村教师队伍的质量与城市有很大差距。二是不同类型的教育发展不协调，如民办教育、职业教育、地方高校在教育资源配置上得不到公正的待遇，家庭教育、特殊教育等没有得到应有重视。三是知识教育与价值教育不协调。重知识传授轻人格养成，重分数轻做人的情况比较严重。

根据协调发展的理念，全会提出要加快城乡义务教育公办学校标准化建设，加强乡村教师队伍建设，推进城乡教师交流，办好特殊教育，推进产教融合、校企合作，建设现代职业教育体系等。按照全会的要求，应该尽快在全国范围内推进区域教育协调发展，在国家教育投入优先向西部地区、边远农村倾斜的同时，省级政府应该大力缩小县域内的城乡差异、校际差异。要遵循"就近入学"的基本原则，合理规划好农村学校。探索形成以城带乡、城乡一体的区域教育发展新格局，探索城乡互补的新机制，并对已经形成的区域教育规划作出必要调整，突出一体化发展总体思路。对于各级各类教育发展中的"短板"，如民办教育、职业教育、地方高校，以及家庭教育、特殊教育等，也应该加大扶持力度。

同时，《建议》明确提出，要全面贯彻党的教育方针，落实立德树人的根本任务，加强社会主义核心价值观教育，把增强学生的社会责任感、创新精神和实践能力作为重点任务贯彻到教育全过程，这对于改变过去以应试教育为中心，分数至上的不协调现象也有重要的现实意义，体现了在教育上也要"两手抓，两手都要硬"的思想。

用绿色发展理念引领生命教育与生态教育

党的十八届五中全会提出，绿色是永续发展的必要条件和人民对美好生活追求的重要体现。从教育的视角出发，家园的环境建设，可以分为人与人、人与大自然之间关系的建设，分别对应着生命教育和生态教育。

以人为本，重视生命，是教育的出发点。2010年，教育规划纲要在"战略主题"一章中明确提出了"学会生存"和"重视生命教育"等重要理念，我国的生命教育由此进入全面深入探索的全新阶段。

生命是大自然最为神奇的创造。每一个生命都是奇迹般的存在。生命因独特而弥足珍贵，因自主而积极发展，因超越而幸福完整。由个体物质存在的自然生命，个体与人、自然、社会形成的交互关系的社会生命，个体的情感、观念、思想、信仰等价值体系的精神生命，集自然生命之长、社会生命之宽、精神生命之高，才形成一个立体的人。

以此反观我们的教育，就不难发现：如今越来越早就开始的严密应试训练，不仅轻视生命的长度，同时也极大缩减生命所能达到的应有宽度，弱化了生命所能达到的应有高度。一个人的生命欠缺了应有的长度、宽度与高度，那么他所能发挥的创造力就极为有限。

所以，用绿色发展理念，让教育立足于生命的原点，意味着协助学生成长为最好的自己。通过教育拓展每一个生命，就会让社会更加和谐，也能让人类不断地走向崇高。

生态教育是以大自然或人与环境的关系为核心而开展。环境问题是全球化面临的难题。不分国家地区，人类如今共同面临着越来越严重的环境问题，生态教育的重要性不言而喻。我们作为发展中国家，在发展过程中重经济轻环保，导致环境污染严重，交纳了不少惨痛的学费，生态教育更是迫在眉睫。

应该把生态教育编写为跨学科的综合课程，和其他相关学科深度融合，不仅推进环境保护等相关知识的学习，更注重背景文化的濡染，并以可持续发展的理念激发责任感和主人翁意识，这样的生态教育才能真正落实下去。只有受到生态教育的普通人越来越多，我们生活的环境才能文明起来、美丽起来。

用开放发展理念引领教育开放与教育国际化

党的十八届五中全会提出，开放是国家繁荣发展的必由之路。其实，开放也是教育繁荣发展的他山之石。用开放发展理念推动教育开放与教育国际化，不仅扩大了教育资源供给，满足了人民群众选择性教育需求，而且推动着教育体制与机制创新，是多赢之举。

推动教育开放，首先意味着对市场开放，让民办教育活起来。改革开放后市场上兴起的民办教育，成为我国教育事业发展的重要增长点和教育改革的重要力量。但是进入 21 世纪后，民办教育因为种种原因发展停滞。据统计，1980 年到 2005 年，我国社会与私人教育投入超高速增长，年均达 19%。但 2005 年到 2012 年社会和私人的教育投入下降到 2.6%，民间教育投入占比从 2005 年的 39% 下降到 2012 年的 20%。全国民办学校萎缩、骨干教师流失的情况比较普遍。尽管有关统计显示，近年来全国民办学校数量在增加，但实际上新增的多为投入相对较少的民办幼儿园，而非中高等教育机构。民办教育界普遍反映被三个方面的问题困扰："民非"的法人定位，使民办教育政策不完整不配套；制度环境有欠公平，使民办教育发展缺少后劲；缺少办学自主权，民办学校很难办出特色和质量。

为此，我们应该尽快研究吸引民间资本进入教育的鼓励性政策。从民办教育的营利性与非营利性上设计分类制度体系，让捐资办学的民办学校得到政策性资源的最大支持，非捐资、非营利性的民办学校获得清清白白的政府奖励，营利性民办学校坦坦然然地获取经济利益；应该落实办学自主权，在政府、学校之间划分出权力边界；应该加强现代化学校制度建设，让有思想、有水平的教育工作者能够真抓实干；让第三方担任评价，建立多元教育评估体系等，用民办教育这条外来的鲇鱼搅活原有的教育。

推动教育开放，也意味着对社会开放，把各界精英请进来。这也是规划建议中提出的建设世界一流大学必须认真解决的问题。大学正因为有大师才成其为大学。如果文化精英不到大学去，大学永远没有希望。大师需要大学，需要有更多机会传播和丰富自己的思想；大学也需要大师，需要借大师之力培养高端人才。比如天津大学为著名作家、画家冯骥才先生成立了"冯骥才文学艺术研究院"，为大学如何吸引和留住大师，以及中国优秀的知识分子和社会精英如何走进大学探索了一条路。早在民国时期，我们就有一大批各界精英驻扎在大学里。在世界大学教育体制中，驻校作家和驻校艺术家已经成为了重要组成部分。教育只有向社会开放，向精英开放，才会创造更多的精彩。

对国际开放，则意味着教育的"请进来"和"走出去"。"请进来"，加大国际合作办学力度，让国际优秀教育资源在中国汇聚，成为中国的智力资源之一。诸如苏州西交利物浦大学、上海纽约大学、宁波诺丁汉大学这样的国际合作办学，应该继续积极推进。"走出去"，通过吸引外国学生来华留学，通过各种交流活动，如"中俄人文交流机制"等，让中华文化走出去。

其实，即使我们不主动推行教育国际化，市场这个看不见的大手也在悄悄推动这一进程。据教育部统计，2014 年度中国出国留学人员继续增加，总数近 46 万人，比上年增长约 11%。而 Visa 大数据"解码"海外留学花费时发布，中国大陆网络支付额亚洲第一，从 2013 年 4 月至 2014 年 3 月的一年之间，海外教育网络支付支出同比增长 34%，超过了 4.83 亿美元，排名亚洲第一。来自美国旅游协会的数据显示，中国作为世界最大的留学生来源国，2013 年的国际教育支出为 2600 多亿元人民币，2018 年可能增至 8540 亿元人民币。

由此可见，我们推行教育国际化，不仅会提高教育的品质，也能够节约学子海外留学的不菲额外开支，并能相应地拉动我国经济。

用共享发展理念引领教育公平与教育扶贫

党的十八届五中全会提出，共享是中国特色社会主义的本质要求。在教育方面，共享就是要让全体社会成员"一个也不能少"地享受优质均衡的教育成果。

共享的理念对教育公平提出了更高的要求。教育公平是社会公平的基础，为所有的孩子提供相对均衡、相对优质的教育，是共享理念在教育上的基本体现。"十三五"期间，进城务工人员子女、留守儿童和残障儿童，是我国教育体系中应该特别关注的三个重要群体。

首先，要下力气全面解决进城务工人员子女的教育问题。目前全国每年大约有 1.5 亿农民进城务工。虽然国家教育行政部门明确了以流入地为主的基本政策，但是从各地的情况看，进城务工人员子女的教育问题远远没有得到解决。各级政府应该充分认识到，从某种意义上说，其实不存在所谓的"农民工子女"，这些孩子就是今后城市的新市民，他们的素质直接影响今后城市的风貌。为他们提供优质的教育，本来就应该是地方政府的重要职责。随着二孩政策的放开，这些城市新居民的教育新需要也会随之而来，各地应该提前规划应对。

其次，要采取切实有效的办法解决留守儿童的教育问题。我国有 6000 多万留守儿童。近年来关于留守儿童问题的报道屡见报端，自杀、性侵、失踪、意外死亡等，令人触目惊心。留守儿童的监护缺失问题已经带来严重后果，数千万的乡村儿童与父母长期分离，他们的身心健康和发展必须引起高度重视。解决留守儿童的教育问题，一是要完善相关法律，依法推进留守儿童权益保护工作。二是要根据规划建议的要求，从国家层面进行产业布局，引导劳动密集型产业向人口流出地转移。调整生产布局，加大对川、豫、皖、湘、黔等留守儿童大省的基础设施建设投入，加快当地经济社会发展。特别是扶持小城镇建设，为农村剩余劳动力就近转移提供更多的就业机会，使乡村儿童的父母能够离土不离乡，从源头上减少留守儿童的数量。同时，要标本兼治，大力推进寄宿制学校建设等。

最后，要大力推进特殊教育。虽然近年来中央启动了特殊教育提升计划，中央财政经费增加了 7.5 倍，但是全国仍有 600 个 30 万人口以下的县没有特殊教育机构，仍然有超过 10 万的适龄残疾儿童没有接受义务教育，升入高中段学习的不到 30%。几乎所有的普通学校都缺乏接纳残障儿童随班就读的专业教师与资源教室，与国际流行的全纳融合教育理念差距很大。

扶贫攻坚是全面建成小康社会最艰巨的任务。《建议》已经庄严承诺要在 2020 年全面解决 7000 万贫困人口的脱贫问题，要求实现精准扶贫，提高贫困地区的基础教育质量，推进贫困地区基本公共服务均等化。这对于教育来说，也是一件非常重要而关键的任务。

扶贫先扶智。教育是最根本的扶贫。一方面，教育经费、教育资源要精准地向贫困地区和人群配置，尤其是要吸引优秀教师到贫困地区工作。另一方面，要利用互联网进一步合理配置教育资源。要建立全国统一的教育资源平台，把最好的教育资源免费向公众开放，把最好的教案、最好的试卷、最好的练习题、优秀教师的课堂教学视频，免费提供给西部地区、农村地区，让所有师生可以利用网络获得最好的教育资源。

总之，五中全会提出的"五大理念"，应该成为"十三五"期间教育改革与发展的重要指导方针，引领中国教育健康发展。

（摘自《中国教育报》2015 年 11 月 16 日）

提高高校教学水平是国家发展的紧迫需要

瞿振元

作者简介：瞿振元，中国高等教育学会会长，国家教育咨询委员会委员，国家教育考试指导委员会委员，2013—2017 年普通高等学校本科教学工作评估专家委员会副主任委员，教育部高等学校章程核准委员会委员，第十届、十一届全国政协委员。

提高高校教学水平是一项现实的重大的紧迫任务

党的十八届五中全会通过的《中共中央关于制定国民经济和社会发展第十三个五年规划的建议》明确要求："提高高校教学水平和创新能力，使若干高校和一批学科达到或接近世界一流水平。"第一次把提高高校教学水平写在五年规划之中，第一次把提高高校教学水平写在党的重大文件之中，而且放在"创新能力"之前予以突出和强调，同时，明确要通过提高教学水平和创新能力使高校和学科达到一流水平，足见党和政府对高校教学、对人才培养的充分认识和高度重视。

（一）提高高校教学水平是国际社会的普遍共识

伴随着高等教育规模的扩大，高等教育质量问题逐渐成为一个世界性问题。2000 年，欧洲高等教育质量保障协会成立。2006 年，联合国教科文组织发起"跨境高等教育质量保障"项目，创立"提高质量保证能力的全球计划"。2009 年 7 月，联合国教科文组织召开世界高等教育大会，会议达成一系列共识。其中的核心观点是，"质量保障是当前高等教育至关重要的任务""质量保障不仅要求建立质量保障体系和评价模式，而且要求促进机构内部质量文化的发展""坚持严格的教学标准"。由此，可以清晰地看到，重视高等教育质量已成为国际社会的普遍共识。

与此同时，许多国家纷纷把高等教育质量的竞争作为国家未来竞争力的核心要素，并为保障和提升高等教育质量做了大量的探索与努力。如欧美一些国家将学生的学习性投入、学生的体验调查纳入高等教育质量保障体系，强调学生是学习的主体，关注学生的发展状况、重视学生学习过程和学习结果的评价。日本自 2012 年开始发起"关于亚洲大学教员变化的调查"，以此分析影响日本大学教学质量的关键因素，并强调日本有重视科研的传统，但更需要在改善教学质量上下功夫。

提高教学水平，并以此提高高等教育质量，已经成为当前世界高等教育发展的一个主题。我们要顺势而为，积极主动，作出我国提高教学水平和教育质量的新探索、新贡献。

（二）提高高校教学水平是国家发展的紧迫需要

当前，我国经济发展进入新常态，经济总量稳居世界第二位，经济长期向好的基本面没有变，但"大而不强"是我国经济发展的突出矛盾。"要突破自身发展瓶颈、解决深层次矛盾和问题，根本出路就在于创新。"创新成为发展的第一动力。推动以科技创新为核心的全面创新，关键在人才，基础在教育。高等学校作为培养创新人才的主阵地，课堂教学作为学生获取知识、锻炼能力、提高技能的主渠道，必须切实担当起培养创新人才的重任。

（三）提高高校教学水平是高校自身发展的内在要求

"中国速度"使我国成为高等教育大国。和经济问题一样，"大而不强"也是我国高等教育最为突出的问题。在宏观上，这不仅表现为高等学校办学与经济社会发展存在一定程度的脱节，高等教育自身发展不协调，高等教育分类管理、分类指导制度不健全，也表现在高等学校原创性研究成果不多、拔尖创新人才不足等现象上。在微观上，表现为教学过程中的许多"非主流现象"：不少高校人才培养方案陈旧，实验、实训条件欠缺，实践育人缺少基本保障，创新教育缺少有效措施；有的高校课堂教学索然无味、沉闷压抑，学生心不在焉、昏昏欲睡，教学效果堪忧；有的教师上课照本宣科，学生期末突击应试，毕业设计纸上谈兵；有的高校甚至以"清考"的方式，恩准学生毕业，如此等等，怎么谈得上提高教学水平、提高教育质量？而且，这种“非主流现象”已不是个别现象，甚至还有扩展蔓延的趋势！而我们的一些大学却习以为常、麻木不仁。对这些问题再不正视，非主流不仅影响主流，而且可能成为主流，我们必须高度警醒！

质量是高等教育的生命，教学是高等学校生存的本真。高等教育由大向强转变的根本标志是人才培养质量的整体提升。出路何在？靠政府投入、靠体制改革，更靠实实在在的教育教学改革！

“图难于其易，为大于其细”，深化教学改革贵在行动！我们要以广大教师和所有学生都参与的教学活动为基础，实实在在地开展教与学的改革，切切实实地提高教学水平，从而使提高人才培养质量、实现高等教育现代化、建设高等教育强国等伟大的口号变成广大师生的自觉行动。当前，要特别注意以下三点：

第一，不能以体制机制改革代替教学改革。深化高等教育全面改革，创新体制机制和教育教学改革，犹如车之双轮，缺一不可，应当“双轮驱动、协调推进”。体制机制改革为深化教育教学改革指明方向、激发动力，教育教学改革才能使人才培养真正落地，才能使体制机制改革的价值追求真正实现。当下，要克服重视体制机制改革、轻视教育教学改革的倾向，使教育教学改革真正深化，教学水平真正提高。

第二，不能以科技创新能力的提升代替教学水平的提高。特别是在一流大学和一流学科的建设中，要把提高教学水平和提高科技创新能力相结合，使人才培养的一流和科技创新的一流相互融合、相互促进，这样才能建成真正的一流大学和一流学科。

第三，不能只重视培养少数拔尖创新人才而忽视全体学生的全面发展。面向全体与关注个体差异是十分重要的教育策略，一些高校实施的面向少数特质学生的实验班，集中优质教学资源重点培育，作为教学改革的实验无可厚非。但是，改革的最终目的是促进每个学生的全面发展，因此，要牢固树立平等对待每一个学生和人人成才、多样化成才、竞争成才、实践成才的观念，使教学改革的成果惠及全体学生，这是体现高等教育公平的必然要求。

抓好创新创业教育，使提高教学水平落到实处

全面提高高校的教学水平和创新能力，是一项复杂的系统工程。当前，加强创新创业教育已是党中央的要求、教育界的共识。我们要顺应形势，以加强创新创业教育为抓手，撬动教育思想、教学内容、教学方法的全面改革，推动高校教学水平的提高，而不是游离于教学改革之外空谈创新创业教育。

一要修订和完善人才培养方案。人才培养方案是培养具有社会责任感、创新精神和实践能力的各级各类人才的蓝图。为此，要根据社会需要和学生全面发展的需要，进一步明确创新创业教育的目标要求，修订和完善人才培养方案，突出大学生创新精神、创业意识和创业能力培养。

二要抓住课程建设这个关键环节。课程改革是大学教育的重中之重。如果说人才培养方案是人才培养工作的顶层设计，课堂教学是具体实施，那么，课程建设就是承上启下的枢纽关键环节。枢纽关键环节不抓好，就像喇叭使劲按、油门踩到底，就是不挂挡，汽车照样不动。为此，我们要遵循教学规律，在人才培养方案的导引下，对课程体系进行全面审视，使课程建设更加符合社会发展的需要、更加符合学生发展的需要；要坚持规范性、指导性和选择性相统一的原则，完善课程体系，使学生基本功过硬、个性特长得到发展。

三要把课堂教学作为创新创业教育的主阵地。开展创新创业教育，可以增设一些专门的课程，但不能习惯于简单的加法。更为本质的是要实施课堂教学内容的改革，将创新创业教育融入、渗透到每一堂课的教学中；还要改革教学方法、恰当引入现代教育技术，让学生学起来！教师还要善于挖掘每一门课程中所蕴藏的创新创业的精神内涵和文化要素，构建以课堂教学为基础，课外教育为补充

的、师生共同参与的创新创业"学习共同体"，营造创新创业文化，使创新创业教育真正落地。

四要补足实践教学这一短板。实践教学是创新创业教育的必要条件。为此，要加强学校已有的实验、实践、实习基地建设，要基于"协同育人"的机制，充分利用社会资源、促进创新创业实践教学平台的共建共享。加强实践教学，提升实践能力。

五要改革考试评价方法。改变死记硬背、突击考试等考评方法，建立学业考核全程化、评价标准多元化、考核方式多样化的学业考评新体系，注重考核学生运用知识分析问题和解决问题的能力，努力实现考核结果符合学习效果。

六要强化创新创业教育的价值导向。当今时代，创新创业需要扎实的知识基础，那种凭借偶然发现一举成功的机会已经微乎其微了。为此，要鼓励学生勤奋学习，将着眼点放到对自身发展真正有益的能力和素质上。创新创业需要科学的精神与思维方式，同时，也需要激情驱使和精神动力。这一切均来自于创业者的科学态度、事业心和责任感。我们要通过强化创新创业教育的价值导向，引导学生科学创业、理性创业，这正是广大教育工作者的共同责任。

我们还要研究大学生创业的规律。人们常说，创业是"九死一生"。研究规律，就是引导学生少走弯路、避免重大的失败，使更多青年走上成功创业之路。

还要处理好创业与就业的关系，在保持较高就业率的同时努力提高就业质量。绝不能以提倡学生自主创业为借口，而放松大学生就业工作，甚至把只读过几本书、一无资金、二无经验的年轻人不负责任地推到社会上去。我们要秉持对党的教育事业负责、对老百姓负责的态度，去做实做好大学生就业工作。

建设优良教学文化，促进教学水平持续提高

从文化视角看，一个民族的文化心理和思维定式，对教育教学

的影响是深刻和久远的。一方面，任何教学活动都是在一定的社会文化环境中进行的，社会文化环境在很大程度上决定着教学活动的价值取向，影响着教学内容、教学方法、教学手段的选择和教学组织形式；另一方面，大学教学本身具有独特的文化属性。教学文化是高等教育的本源文化，它体现着大学作为一种社会组织对培养人才、传播文明、促进发展、改善民生的精神追求，汇聚着大学人的教学理念与教学行为。

建设优良的教学文化，首先要树立以教学为中心的理念，要把人才培养放在首要位置，要在全体教职员工的思想深处确立"老师是第一身份、上好课是第一要务、关爱学生是第一责任"的价值追求，激发个人和集体重视教学、提高教学水平的内驱动力。

建设优良的教学文化，要构建规范管理的制度体系。规范管理的制度体系是优良的教学文化生成的环境生态，优良的教学文化的形成，既需要营造崇尚教学的共同信念，也需要内外部环境力量的助推。缺乏相应的规范管理的制度体系，教学文化的价值追求很难转化为现实层面的教学文化的行动实践。

建设优良的教学文化，要鼓励支持教学改革的实践探索。要通过制定完善各种有效措施，激励教师热爱教学、崇尚教学，特别是要创造条件，支持教师研究教学、革新教学，当前，要更加注重现代教育技术与教育教学的深度融合，以此提升教师教学水平，形成良好的教风。

建设优良的教学文化，要重视加强学生学习能力建设。学习是大学生的第一要务，要支持和奖励爱学、勤学、善学的学生，特别要重视培养学生服务国家、服务人民的社会责任感、勇于探索的创新精神和善于解决问题的实践能力，形成良好的学风。

（摘自《光明日报》2015 年 11 月 17 日）

六

生态文明建设篇

　　绿色是永续发展的必要条件和人民对美好生活追求的重要体现。必须坚持节约资源和保护环境的基本国策，坚持可持续发展，坚定走生产发展、生活富裕、生态良好的文明发展道路，加快建设资源节约型、环境友好型社会，形成人与自然和谐发展现代化建设新格局。坚持绿色富国、绿色惠民，为人民提供更多优质生态产品，推动形成绿色发展方式和生活方式，协同推进人民富裕、国家富强、中国美丽。

坚持绿色发展　建设生态文明

钱易

作者简介：钱易，清华大学环境工程系教授，中国工程院院士。曾兼任中国科协副主席、全国人大环境与资源保护委员会副主任。在国际学术界与国际环境领域享有较高声誉，在多个权威国际学术组织担任重要职务，曾任世界工程组织联合会副主席。近二十年来致力于倡导和推行清洁生产、循环经济和可持续发展，在参与立法、提出政策建议和建立示范省市方面做了大量工作。

可持续发展战略的由来及实质

工业革命以来，人类的物质生活发生了很大改变，但同时也出现了很多生态环境问题，包括：水污染、大气污染、固体废弃物污染、酸雨、荒漠化、森林锐减、资源减少、生物多样性丧失、臭氧层损耗、全球气候变化、持久性有机物污染等。人类面临日益严重的生态环境问题，早在 20 世纪 60 年代起就引起各界的严肃思考。

美国科学家蕾切尔·卡逊在 1962 年发表的著作《寂静的春天》中，就揭露了化学农药造成的污染危害了人和生物的健康甚至生命，指出了改变发展道路的必要性。1972 年罗马俱乐部发表的《增长的极限》更尖锐地提出地球的承载力将达到极限，认为唯一的解决方法是限制增长；联合国因此召开了"世界人类与环境大会"，又组成了世界环境与资源委员会。1987 年，世界环境与资源委员会发表了名为《我们共同的未来》的研究报告，首次提出解决发展与环境的矛盾的正确道路是改变发展模式，走可持续发展的道路，这部著作促进联合国在 1992 年召开了"环境与发展高峰会议"，把可持续发展战略写入了大会宣言，并制定了《21 世纪议程》，要求各国政府都切实实施。

联合国大会为可持续发展所作的定义是"既符合当代人类需求，又不致损害后代人满足其需求能力的发展"。与传统的发展战略相比较，可持续发展的主要特征是：从单纯以经济增长为目标转向经济、社会、资源和环境的综合发展；从注重眼前利益和局部利益转向注重长远利益和整体利益的发展；从资源推动型的发展转向知识推动型的发展；从对自然掠夺的发展转向与自然和谐的发展。

改革开放以来，我国经济建设取得了世人瞩目的成就，但同时，经济发展带来的快速资源消耗和严重的环境污染，已经使广大人民的健康受到威胁，也大大制约了经济的发展。越来越多的人都在思考，我们应该怎么办？我国自 1993 年以来，就把可持续发展战略定为国家基本战略。"十二五"规划纲要更明确提出，要走绿色发展的道路，建设资源节约型、环境友好型社会，要发展循环经济，要建设生态文明。但事实却表明，我国改革开放三十多年来，已经产生了一批资源枯竭型城市，雾霾天气困扰着很多城市的人民，水污染威胁着饮用水的安全，还有垃圾围城的可怕景象，土壤污染造成食品安全问题……虽然我国 GDP 已经占居世界各国的第二位，但这难道是人民心中的美丽中国吗？当然不是。这符合党和政府的发展目标和一而再、再而三的指示吗？当然不符合。

绿色发展与新型工业化道路

党的十八届五中全会提出：为全面建成小康社会、美丽中国，必须坚持绿色发展，坚持节约资源和保护环境的基本国策，坚持可持续发展，坚定走生产发展、生活富裕、生态良好的文明发展道路。这是关系到国家前途和人民命运的基本国策，也是需要全民、各界共同努力才能完成的大业。十八届五中全会还指出，坚持协调发展，必须牢牢把握中国特色社会主义事业整体布局，正确处理发展中的重大关系，重点促进城乡协调发展，促进经济社会协调发展，促进新型工业化、信息化、城镇化、农业现代化同步发展。

历史的经验教训告诉我们，我们必须走新型工业化道路。中国共产党第十六届全国代表大会早就提出了新型工业化道路的特点是："以信息化带动工业化，以工业化促进信息化；科技含量高、经济效益好、资源消耗低、环境污染少、人力资源优势得到充分发挥。"这就是绿色经济，也是我们经常讲的循环经济。传统的经济模式是开采资源，生产产品，使用完产品后就废弃，这种直线型的经济模式浪费资源、破坏环境。循环经济模式是开采资源，生产产品，在生产过程中尽量节约资源和实现资源的重复利用和循环利用，在产品使用以后将废品变成再生资源，形成一个循环的流程。循环经济提倡的三大原则是：减量化、循环化和资源化，与传统经济相比，它可以将高开采、高利用、高排放改变为低开采、高利用、低排放，完全可以获得节约资源、减少污染的双赢。

李克强总理在国家应对气候变化及节能减排工作领导小组会议上指出："要把绿色、低碳、循环经济发展作为生态文明建设的重要内容""通过结构调整和提质升级发展，拓宽经济增长、环境改善的双赢之路。"李克强总理的指示明确地表明，循环经济就是绿色经济，也必然是低碳经济。我国已经在发展循环经济方面取得了不少成绩，例如很多钢铁企业利用炼铁、炼钢、炼焦的热值很高的废气发电，利用三个炉子产生的废渣生产建筑材料，还大力发展节约用水和水的循环利用系统，使生产每吨钢的耗水量从 2000 年的 25 立方米已经降到 2014 年的 3.5 立方米。海尔集团的理念是要建成绿色企业、生产绿色产品、提倡绿色文化，该集团生产的一款冰箱的耗电量是世界各类冰箱中最低的。

除了应该加速推行清洁生产，使所有企业都能最大限度地减少资源消耗量和污染排放量以外，还应该大力推动工业园区的生态化，建设生态工业园区。生态工业园区应该有以下特点：一是园区中所有工业企业都应积极推行清洁生产；二是园区中不同工业企业之间实现废物交换与利用，即建立共生代谢关系；三是不同工业企业之间应实现物质和能量的梯级利用；四是园区实现基础设施（尤其是环境基础设施）的共享。世界各国都已经有很多生态工业园区，我国也出现了不少，充分证明建立产业共生代谢关系可以大大削减资源消耗量和污染物排放量，是绿色经济的好模式。

在建设绿色产业的行动中，必须把能源的生产和使用作为一大重点，以低碳、高效、为应对气候变化做贡献为目标，节约能源，提高能源效率，加强煤的清洁利用和综合利用，提高可再生能源的比例，包括生物质能、太阳能、风能、开发和利用非常规气（页岩气、煤层气），并在确保安全的前提下利用核能。在使用可再生能源的情况下，一定要注意进行生命周期全分析，即必须分析风力发电机、太阳能光电板生产过程中的耗电量及环境污染排放量，努力开发和使用清洁生产工艺。

绿色农业、绿色城镇化、绿色消费和保护天然生态系统

农业也面临着绿色化的要求。十八届五中全会提出，要"加快改变农业发展方式，走产出高效、产品安全、资源节约、环境友好的农业现代化道路。"农业部最近制定了《全国农业可持续发展规划》，重点任务有：优化发展布局，稳定提升农业产能；保护耕地资源，促进农田永续利用；节约高效用水，保障农业用水安全；治理环境污染，改善农业农村环境；修复农业生态，提升生态功能。《全国农业可持续发展规划》还针对生态环境保护提出了下列重大问题，即农业面源污染防治攻坚战；化肥农药使用量零增长行动；东北产粮大县黑土地保护利用；重金属污染耕地修复和地下水严重超采区综合治理。

我国城镇化发展迅速，在绿色发展中必须十分关注城镇化的绿色发展。城市规划设计应以生态文明理念为指导，城市规模要控制，不应一味扩大、膨胀；各类建筑的布局要合理，减少对市内交通的需求；城市交通应以公共交通为优先，提倡步行和自行车出行；公共建筑，特别是政府办公楼、广场，不能追求大、洋、阔；反对耗费资源、金钱，没有实用价值的所谓形象工程、标志工程。德国主张"非中心化"的城市发展模式，即发展规模小、数量多、分布均衡的城市；城市行政资源和服务功能实现等值化分布；振兴中小城镇，推动不同区域以及城乡之间的无差异发展。城镇的基础设施建

设也要符合生态文明理念，交通设施、给水排水设施、垃圾回收、利用和处置设施等，都要以保障民生为先，以资源节约、环境友好为重。世界各国的新趋势是开发城市"矿山"，把废水、污水变成水资源、能源和肥源。可以毫不夸张地说，城市是一座永不枯竭的"矿山"，开发"矿山"是实施可持续发展战略的保障。防治城市洪涝灾害离不开雨水道，法国著名作家雨果曾在他的力作《悲惨世界》中描写了巴黎的下水道，并说"下水道是城市的'良心'"。我国很多城市常年少雨，但一场暴雨就会形成严重的洪涝灾害，正验证了雨果的说法。

还必须提倡消费绿色化，"十二五"规划就指出，要倡导文明、节约、绿色、低碳消费理念，推动形成与我国国情相适应的绿色生活方式和消费模式：使用节水产品、节能汽车、节能省地住宅；减少使用一次性用品；限制过度包装；抑制不合理消费，反对大吃大喝；推行政府绿色采购。改革开放以来，高尔夫球场在我国遍地开花，但这种娱乐方式占用大片土地，消耗大量水资源，使用化肥农药造成污染，是不符合中国国情的娱乐方式。中国的富贵阶层已经形成，部分富二代的消费方式是对资源的挥霍浪费；"在西方，炫耀性消费可能已经过时，但在中国，奢侈品正在繁荣发展"（美国《新闻周刊》网站）；一些西方奢侈品企业正在竞相"为中国制造"奢侈品。我们要建成小康社会，使人人过上舒适的生活，但坚决反对奢侈；我们要提高人民的消费能力，以促进经济的发展，但坚决不能浪费资源。

绿色发展必须包括保护城市和农村的天然生态系统，森林、绿地、湿地、河流、湖泊。十八届五中全会指出，要"筑牢生态安全屏障，坚持保护优先、自然恢复为主，实施山水林田湖生态保护和修复工程，开展大规模国土绿化活动，完善天然林保护制度，开展蓝色海湾整治行动。"我国国土面积极大，有很多不同特性、不同功能的生态区，如青藏高原、黄土高原、东北森林带、北方防沙带、三江源等，必须因地制宜采取不同的保护措施，千万不能根据人的主观愿望进行自然生态系统的改造。特别应注意城镇化过程中对天然生态系统的破坏，也不要用人工的绿化带代替天然树林和湿地，还必须保护江、河、湖、海等天然水体的水质。

加强生态文明的文化教育和法治、制度建设

应该加强有关生态文明建设的文化、教育，努力形成崇尚生态文明的良好的社会风尚。教育要从小学抓起，大学里不同学科，包括文、理、工、法、管理、金融、社会等专业的学生都应该接受生态文明教育；还应加强社会教育，政府干部、企业管理人员技术人员和公众，都应接受教育，都可以在不同的岗位上对生态文明建设和绿色发展发挥作用。应该采用多种教育手段：媒体宣传、培训班，还有参与各种社会活动等自我教育的方式，形成热爱生态环境、促进可持续发展人人有责的社会风尚。

党政机关、事业单位和各类团体应该是生态文明建设的领头人；各类事业单位应在不同岗位上发挥重要作用：教育、科研、文化、卫生、体育等单位都与生态文明建设息息相关；各类公共团体具有很大潜力团结并带动公众建设生态文明，树立良好的社会风尚。

进行生态文明宣传教育，应该让国人都知道并继承我国的优秀文化传统：天人合一论。孔子曾说："天地之性，人为贵；大人者，与天地合其德"。荀子则提倡变革自然需兼得天时、地利与人和，他说："若是则万物得宜，事变得应，上得天时，下得地利，中得人和，则财货浑浑如泉涌，涓涓如河海，暴暴如山丘，不时焚烧，无所藏之，夫天下何患乎不足也。若否则万物失宜，事变失应，上失天时，下失地利，中失人和，天地敖然，若烧若焦。"这些都是教育人们要与自然和谐相处，要尊重自然，爱护自然，顺应自然的规律。我们也应该学习西方现代的先进理论和方法，如西方早在 20 世纪 70 年代就开始了工业生态学的研究，提出了很多新理念、新方法，如工

业共生代谢，工业产品的生命周期分析，物流分析等，使工业实践发生了很大的，甚至是根本的转变，走上了进行工业品生态设计，推广清洁生产，发展循环经济，达到节约资源、环境友好新目标的新型工业化道路。

还应加强生态文明建设的法治，要把生态文明建设纳入相关法律；在修改已有法律时，纳入生态文明建设的要求；加强不同法律之间的联系包括与刑法的联系；加强执法和对违法行为的惩治，实施对浪费资源、破坏环境的终身问责制。必须改变以 GDP 论英雄的传统观念和做法，一定要把资源消耗、环境质量、生态效益纳入考核政绩的体系，生态文明建设是各级党委政府的重要责任。

要正确认识 GDP 的数量和质量，我们需要的是又好又快的发展，但 GDP 的数量和质量往往并不一致，在关注 GDP 增长速率时，必须分析资源利用率及其环境影响，如建筑物的大拆大建是最大的浪费和污染，不符合可持续发展战略。过度包装就是浪费资源、污染环境的 GDP，也不行。

习近平总书记指出，生态文明指标应纳入发展评价体系："要完善经济社会发展考核评价体系，把资源消耗、环境损害、生态效益等体现生态文明建设状况的指标纳入经济社会发展指标体系，使之成为推进生态文明建设的重要导向和约束。"

党的十八届五中全会指出，我国"十三五"规划的目标是：实现全面建成小康社会的奋斗目标，推动经济社会持续健康发展；必须牢固树立并切实贯彻创新、协调、绿色、开放、共享的发展理念；坚持绿色发展，必须坚持节约资源和保护环境的基本国策，坚持可持续发展，坚定走生产发展、生活富裕、生态良好的文明发展道路。

为建设美丽中国，为全国人民过上幸福美好的新生活，为重新得到青山绿水的美丽山河，我们必须加强绿色建设，在可持续发展战略的指引下不断努力，人人、事事、时时崇尚生态文明。坚持绿色发展，建设生态文明，是全国人民的愿望，是建设美丽中国的康庄大道。

（摘自求是网 2016 年 2 月 27 日）

改革创新推进生态文明建设

常纪文

作者简介：常纪文，国务院发展研究中心资源与环境政策研究所副所长，中国社会科学院法学研究所教授。

党的十八届五中全会公报就国家"十三五"规划制定提出了建议，对新时期经济、政治、社会、文化发展和生态文明建设作出了重大部署。生态文明建设得到了前所未有的重视，既有融入式的设计，也有专门部分的阐述，符合"五位一体"的建设要求。

在环保形势的评判方面，各界已经形成共识。近几年，环境污染物的排放总量正处于历史高位，复合型污染的特征更加明显，蓝天与雾霾天交替出现，环境质量状况非常复杂。为此，习近平总书记指出："中国经济发展进入新常态，正经历新旧动能转化的阵痛。"同时，习近平总书记也指出："中国经济稳定发展的基本面没有改变。"因此，总的来看，我国的主要污染物排放总体上正进入跨越峰值并进入下降通道的转折期。到"十三五"末期，主要污染物的拐点可能全面到来。今后5年是环境与发展矛盾的凸显期、环境标准与要求提高期，遇上了经济下行期，过关越坎的难度更大。为此，五中全会提出要用改革的思维和方法，用基础设施建设、生态修复与环境治理等发展方法和近零碳排放示范等积极方法予以统筹解决。

在环境保护的战略方面，五中全会对环境与发展的关系有重大突破。习近平总书记指出："中国新型工业化、信息化、城镇化、农业现代化深入推进，国内市场需求强劲，经济发展具有巨大潜力、韧性、回旋余地，结构性改革正在深化，我国经济的前景十分光明。"为此，"十三五"规划建议提出，在"十三五"时期推进美丽中国建设，坚持发展是硬道理、发展是第一要务，推进有质量、有效益的发展，促进发展的公平、可持续性，让每个百分点的GDP都包含更多的科技含量、就业容量和更好的生态质量，实现环保与发展、环保与就业、环保与创新同步前进。只有这样，生产发展、生活富裕、生活良好的发展道路才能走得通、走得顺，新常态下的资源节约、环境友好型的人与自然和谐共生、和谐发展的现代化建设新格局才能最终实现。

在环境保护的策略方面，习近平总书记最近指出：“发展必须是遵循经济规律的科学发展，必须是遵循自然规律的可持续发展，必须是遵循社会规律的包容性发展。”“在改革发展稳定之间，以及稳增长、调结构、惠民生、促改革之间找到平衡点，使中国经济行稳致远。”在包容性和协同性发展的进程中，环境问题会得到统筹解决，五中全会提出坚持节约资源和保护环境的基本国策，坚持可持续发展。目前是水环境保护和大气环境保护的战略相持期，虽然环境治理和环境承载压力大，但是恶化趋势放缓，经济和环境会遇到双重风险。环境保护措施如过分着急，可能伤经济的元气，最终不利于环保；如不着急，人民群众健康将受损，环境问题将阻碍经济社会持续稳定发展。所以，必须要有解决环境问题的历史紧迫感，同时也要有历史耐心，以与经济社会发展相协调的方式以及污染防治和生态建设相结合的方式逐步解决环境问题，如筑牢生态屏障，坚持保护优先、自然恢复为主，实施生态保护修复工程，开展大规模国土绿化工程和蓝色港湾建设等。

在环境保护的前景方面，民生与消费成为走出中等收入国家陷阱的重要支撑，而民生与消费的持续动力则来自社会经济领域全方位的深化改革。“十三五”时期是落实全面深化改革措施的关键时期。对中国而言，中等收入陷阱是肯定要过去，至于什么时候迈过去，主要看创新型国家什么时间实现。目前来看，“十三五”末期，中国将全面建成小康社会，经济社会文化和生态文明体制改革将取得重大进展，这将为中国全面进入以制造强国为标志的创新型国家奠定物质和制度基础。建立创新型国家，有了经济社会发展的支撑，节约自然资源、保护生态环境的产业结构和产业布局也将在2020年基本形成。生态环境在 2030 年左右将全面进入良性好转的轨道，经济与环境保护基本协调的局面也将初步实现，中国将为全球生态安全作出新贡献。

在环境保护的措施方面，要按照五中全会要求采取以下几个措施：一是实施最严格的环境资源执法，把大气、水污染防治法律和行动计划实施好，实施好即将出台的土壤污染防治行动计划，为穿越环境污染、生态破坏与资源利用的历史性拐点打下坚实的法治基础。

二是把环境保护和继续推进工业化、城镇化、区域协调化、城乡协调发展、农业现代化和全面建成小康社会、推进整体脱贫相结合。目前，我国工业化水平仅为 66%，还有大幅提高的空间。城镇化水平不足 55%，"十三五"时期如达到 60%，绿色工业化和城镇环境保护基础设施的建设将提供环境治理的基础性条件。实现环境专业化、集中化治理，有利于环境问题在发展中得到解决。人民群众既会切实地感受小康社会实惠，也会感受生态文明建设的环境改善效果。

三是以《环境保护法》《大气污染防治法》《水污染防治行动计划》《生态文明体制改革总体方案》为指引，促进生态环境保护的监管模式由从达标排放与总量控制相结合，向环境质量管理和总量控制相结合转变，向生态建设与环境污染同步推进转变，真正形成以生态环境质量管理为核心的科学监管模式。

四是开展环境监管体制改革。实行省以下环境监测和监察执法垂直管理制度，巩固属地环境监管责任制度，形成企业主体责任、地方政府监管、上级部门监察相结合的环境保护监管监察新模式。既保障环境执法的效果，又遏制地方保护主义。到 2020 年，构建起由自然资源资产产权制度、国土空间开发保护制度、空间规划体系、资源总量管理和全面节约制度、资源有偿使用和生态补偿制度、环境治理体系、环境治理和生态保护市场体系、生态文明绩效评价考核和责任追究制度 8 项制度构成的产权清晰、多元参与、激励约束并重、系统完整的生态文明制度体系，推进生态文明领域国家治理体系和治理能力现代化，构建科学合理的城市化格局、农业发展格局、生态安全格局和自然岸线格局。

五是建立健全用能权、用水权、排污权、碳排放权初始分配制度，推动低碳、循环和清洁发展。在一些领域推行近零碳排放的示范；通过"多规合一"等措施，推进主体功能区的科学开发利用；推行节能量、排污权和水权交易，搞活环境治理市场；开展自然资源产权改革，鼓励社会参与自然资源和生态环境投资和保护，盘活自然资源和生态资产，使青山绿水最终变成金山银山。

（摘自《中国环境报》2015 年 11 月 2 日）

应对气候变化与大气污染治理协同控制政策研究

郝吉明

作者简介：郝吉明，清华大学环境学院教授，中国工程院院士。曾获国家科技进步一等奖 1 项、二等奖 2 项，国家自然科学二等奖 1 项；获国家级教学成果一等奖 2 项。

　　长期以来，中国大气污染防治工作关注的主要问题集中在城市空气质量和酸雨等方面。特别是复合型大气污染近年来日益突出，中国管理资源和研究资源都大幅向常规大气污染防治倾斜。这也导致对短寿命气候污染物的关注低于对常规大气污染物的关注。在控制非道路移动源空气排放方面，中国现有的污染物控制政策并未把短寿命气候污染物控制作为工作目标，缺乏统一监控和监管。中国现有统计体系未把短寿命气候污染物纳入污染物排放量，较难确定非道路机械排放实际水平。

　　主要政策建议：一是制定并完善相关排放法规、标准及政策。对于短寿命气候污染物，应完善排放标准体系，并基于减排的最佳实用技术规定相应的排放限值。制定针对新的和在用的工程机械、农业机械和海洋船舶排放削减的法规，力争 2020 年达到国际最佳实践水平的目标。到 2018 年 1 月 1 日，中国普通柴油中的硫含量将不高于 10 ppm，中国应考虑在"十三五"期间跨越到欧Ⅳ阶段非道路排放标准，甚至在京津冀、长三角、珠三角、四川盆地、东北及其他高污染地区更早实现跨越。

　　二是建立短寿命气候污染物和非道路移动源污染减排管理体系。在短寿命气候污染物监管方面，应将黑碳和臭氧控制目标纳入大气污染防治目标体系中，并制定包括甲烷和氢氟碳化物在内的非二氧化碳类温室气体排放标准和减排行动方案，推动完善有关法律法规。针对不同的污染物，根据其主要来源确定主要监管部门和协作部门。环境保护部应建立国家新生产非道路移动机械环保达标管理体系，包括企业信息公开、生产一致性、在用符合性、环保召回、环保标志等管理制度，要求企业公开产品环保控制相关信息。地方环保部门应建立在用非道路移动机械环境管理体系，包括环保定期检验、环保抽查、低排放控制区、环保升级治理、加速淘汰等管理制度。相关部门应加强能力建设，根据职责分工建立针对短寿命气候污染物主要排放源和重要非道路移动源的排放监测与监管网络，建立非道路移动源油品质量监管网络，提高对短寿命气候污染物和非道路移动源开展环境监管的水平。

三是借鉴美国在非道路移动机械污染防治领域的成功经验，在"十三五"期间尽快组织实施国家清洁柴油机行动计划，重点开展道路柴油车、工程机械、农业机械、船舶等关键柴油机领域的清洁化专项工程。在符合条件的前提下，在尽可能多的车辆和发动机上尽可能快地安装颗粒物捕集器等先进技术，使细颗粒物质量浓度和粒数浓度、黑碳等污染物排放大幅削减。

四是强化科研技术创新应用和行业减排国际合作，加强短寿命气候污染物对空气污染和气候变化协同效应的研究工作。政府应持续加大投入，推动短寿命气候污染物和非道路移动源排放控制最佳实用技术的自主研发。对于黑碳和臭氧，应与其他大气污染物的统计核算体系保持一致，并加强多污染物和多污染源减排协同收益的定量评估和分析方法研究。对于甲烷和氢氟碳化物，应完善相关温室气体排放统计体系。建立相关大数据监管和控制决策平台，并完善相关科研和监管数据的公开和共享机制。在建立减排战略过程中，应充分参考和利用现有的针对短寿命气候污染物治理的多边国际合作机制，包括全球甲烷行动计划（GMI）、气候与清洁空气联盟（CCAC）、全球清洁炉灶联盟等。

（摘自中国环境网 2015 年 11 月 2 日）

供给侧改革助推生态文明制度建设

李佐军

　　作者简介：李佐军，国务院发展研究中心资源与环境政策研究所副所长，经济学博士，博士生导师，研究员，著名经济学家，人本发展理论创立者，华中科技大学、湖南大学等校兼职教授，同时兼任多个学术团体职务，被多个地方政府聘为顾问或首席经济学家。

　　习近平同志指出："走向生态文明新时代，建设美丽中国，是实现中华民族伟大复兴的中国梦的重要内容。"建设生态文明、走向生态文明新时代，加强生态文明制度建设是关键。加强生态文明制度建设的一个紧要环节，则是推进供给侧改革。

建设生态文明关键在制度

　　生态文明建设是一项系统工程，具有"五全"特点。一是生态环境保护需要"全领域"覆盖，即覆盖所有国土、城乡、山水林田湖和各个行业。二是生态环境保护需要"全环节"管理，将山水林田湖视为一个整体，进行全流程管理，严防源头、严控过程，对造成环境污染后果的更要严惩。三是生态环境保护需要"全天候"推动，坚持全天 24 小时不间断行动以防止晚上偷排等情况发生，坚持连续多年持续推动。四是生态环境保护需要"全手段"实施，即综合运用法律、行政、市场和道德等手段推动。五是生态环境保护需要"全社会"行动，让政府、企业、公众等各个主体共同行动起来。"全领域"覆盖需要通过全国统一的生态文明制度特别是统一的治理体制进行协调，以避免出现东部污染向中西部转移、城市污染向农村转移、陆地污染向水体转移、工业污染向农业转移等情况。"全环节"管理需要从源头、过程、结果三个基本环节设计生态文明制度，存量生态环境问题重在结果环节的治理，增量生态环境问题重在源头、过程环节的治理，要将三个基本环节的治理制度有机衔接起来，以形成最好的整体治理效果。"全天候"推动需要在生态文明制度设计上考虑特殊时段，如夜间、放假期间、经济高增长期间的制度漏洞和制度有效性问题，以提高生态文明建设的整体效果。“全手段”实施就是要运用所有制度手段，如法律法规、标准、行政管理、总量控制、市场交易等制度来建设生态文明，同时要形成与生态文明建设相适应的道德风尚、思想观念等。

这里尤其要强调，建设生态文明需要强化“全社会”行动的制度保障。个人、企业、政府部门既是能源资源的消耗者和污染物的排放者，也是生态文明的建设者。生态文明建设具有外部性，排放者损害了社会效益，但个人收益却很大；建设者增加了社会效益，但个人收益却很小。这正是当下生态文明建设的难点所在。解决这一问题，需要通过科学的制度设计使各个主体的付出与回报对称、损害与惩罚对称、责权利对称，并承担其应有职责。政府主要是制定法律、法规、政策、规划、标准，开展试点，提供公共服务；企业应努力提高效率，降低能源资源消耗，减少环境污染；社会组织应发挥自身优势，开展形式多样的生态文明建设活动；公众应树立生态文明意识，尽量减少能源资源消耗，减少浪费，控制污染排放。

生态文明制度建设离不开供给侧改革

生态文明建设与供给侧改革有着密切关系。生态文明建设的本质是推动绿色发展，而绿色发展的关键是以尽可能少的能源资源消耗和环境破坏来实现经济社会发展。绿色发展是“绿色”与“发展”的有机结合，是“既要金山银山，也要绿水青山”。绿色可用“低消耗、低污染、低排放”来表示，发展可用“高效率、高效益、高循环”来表示，绿色发展则可用“消耗和排放生产率”（产出量／消耗量和排放量）来表示。作为分母的消耗量和排放量包括各种能源资源的消耗量和“三废”、二氧化碳等的排放量，作为分子的产出量可用 GDP 或国民收入来表示。能源资源消耗量和污染排放量越少，产出量越高，则绿色发展水平越高。绿色发展的核心是提高单位能源资源消耗或单位污染排放的产出率。而供给侧改革的重要目的也是通过制度改革提高全要素生产率，以实现经济可持续发展。因此，从提高效率的角度看，生态文明建设与供给侧改革是相通的。

建设生态文明的重点是从源头控制和减少能源资源消耗和污染排放。做到这一点必须提高全要素生产率，而提高全要素生产率正是供给侧改革的要义所在。当前，全国上下都在讨论供给侧改革，一些人将供给侧改革简单地理解为淘汰落后产能、优化供给结构以实现与需求结构的对接。这确实是供给侧改革的重要内容，但若局限于此，就忽略了"结构性改革"，没有抓住供给侧改革的要义。"供给侧改革"是指从供给侧入手推进的改革；"结构性改革"是指针对造成经济结构性问题的制度性矛盾推进的改革；"供给侧结构性改革"是指从供给侧入手、针对造成经济结构性问题的制度性矛盾推进的改革。所以，供给侧改革是指供给侧结构性改革。供给侧结构性改革的要义是提高效率，淘汰落后产能和优化供给结构的目的就是为了提高经济效率，而不是为淘汰而淘汰或为优化而优化。

可见，推进供给侧改革一定要改革制度，并非有些人理解的优化产业和产品结构那么简单。供给侧改革的目的在于从源头上减少能源资源消耗和环境污染，所以供给侧改革包括所有可提高效率的改革。实践中，可分为针对主体的改革，如创业就业制度改革、国有企业改革、垄断行业改革、政府机构改革、行政审批制度改革、干部考核制度改革等；针对要素的改革，如土地制度改革、资源产权制度改革、金融制度改革、环境制度改革、科技制度改革、教育人才制度改革、信息管理制度改革等；针对结构的改革，如户籍制度改革、城乡差别福利制度改革、养老和医疗卫生制度改革、价格制度改革等。

把握生态文明制度建设中供给侧改革的着力点

推进针对主体的改革。生态文明建设需要全社会各个主体共同行动，如果每个主体都能采取节约资源、治理环境、爱护生态的行动，则生态文明建设必成。而要调动各个主体建设生态文明的积极性，一方面要制定激励政策，另一方面要推进各个主体自身的改革，消除其浪费资源、破坏环境的制度根源。改革重点是国有企业改革和政府改革。对国有企业而言，要通过混合所有制改革、国有资产管理体制改革、国有资产收益分配制度改革、公司治理制度改革、人事制度改革、垄断行业准入制度改革、能源资源价格改革等，减少和抑制垄断，促进市场公平竞争，优化资源配置，减少资源消耗和浪费。对政府来说，要通过以简政放权、放管结合、优化服务等为重点的行政管理体制改革、政府机构改革、审批制度改革、商事制度改革、干部考核制度改革等，转变职能，精简机构和人员，强化公共服务，减少对市场的直接干预，降低企业成本，激发企业创新活力，减少企业和政府对资源环境的依赖，促进生态文明建设。

推进针对生产要素的改革。供给侧也就是生产侧，总供给可用生产函数来表示，产量由生产要素投入和全要素生产率共同决定，全要素生产率又由制度变革、结构优化、要素升级"三大发动机"决定。其中，要素投入是指劳动、资本、土地、资源、环境等生产要素"量的增加"；要素升级是指生产要素"质的提升"，包括技术进步、人力资本提升、知识增长、信息化等。需要强调的是，好环境是一种容易被忽视的重要生产要素。为此，要重点推进针对要素有效投入和要素升级的改革，特别是符合供给侧改革要义的促进要素升级方面的改革：通过推进科技制度改革，优化科技资源配置，调动科研人员积极性，提高科技对经济增长的贡献率，减少经济对资源环境的依赖程度，促进绿色低碳技术进步和绿色低碳产业发展；通过推进教育人才制度改革，不断提高全民素质，增加人力资本，实现人才各得其所、各尽其才，提高劳动生产率，降低能源资源消耗率；通过金融制度改革，优化资金配置，降低企业融资成本，发展绿色金融；通过土地制度改革，抑制土地财政，优化土地资源配置，减少土地浪费，提高土地利用效率；通过资源产权制度改革，明确资源保护主体及其责任，避免"公地悲剧"，减少资源消耗和浪费；通过环境制度改革，明确环境治理和生态文明建设的主体及其责任，划定生态红线，推进生态环境产品交易，遏制环境污染恶化趋势。

推进针对结构的改革。结构优化可提高效率、减少能源资源消耗和环境污染。实现结构优化要结合新型工业化、新型城镇化、区域经济一体化和国际化等来推进。比如，推进新型城镇化，可以使农民从较低效率的农业和农村转移到较高效率的非农产业和城市。由于城镇具有规模经济效应和聚集效应，可以集中分享基础设施和公共服务，可以集中治污，因而可从总体上提高国民经济的运行效率，减少单位GDP的能源资源消耗和环境污染。区域经济一体化则意味着区域分工协作的深化。根据经济学原理，分工协作加深可极大提高效率，达到节约资源、保护环境的效果。当前，阻碍结构优化的制度还比较多，如户籍制度、城乡差别福利保障制度、城乡不统一的土地制度、行政区划制度等。因此，要加快推进户籍制度改革，消除人口自由流动的障碍，推进农业转移人口市民化，让更多农民共享现代城市文明；加快推进城乡社会保障制度改革，尽快形成城乡统一的养老、医疗卫生、低保、公共服务等制度；加快推进土地制度改革，建设城乡统一的建设用地市场，保障农民土地权益，优化土地资源配置；推进行政区划制度改革，如推进省直管县改革等，减少管理层级，实现责权利对称。通过这些针对结构的改革，可以促进结构优化，减少能源资源消耗和环境污染，推进生态文明建设。

（摘自《人民日报》2016年4月5日）

推动绿色发展取得新突破（节选）

范必

作者简介：范必，国务院研究室综合研究司副司长，中国国际经济交流中心特邀研究员。曾就职于国家发展改革委员会（原国家计委）政策研究室、投资研究所，有20多年从事政策研究经历。主要研究方向：宏观经济、能源、环境、重大项目等方面的公共政策。

　　李克强总理在十二届全国人大四次会议上作的政府工作报告中，部署了 2016 年和未来 5 年生态文明建设任务。他强调，治理污染、保护环境事关人民群众健康和可持续发展。报告提出，要推动形成绿色生产生活方式，深入实施大气、水、土壤污染防治行动计划，并且在发展节能环保产业、构建生态安全屏障方面取得新进展。认真学习贯彻政府工作报告精神，对于实现"十三五"加强生态文明建设目标具有重要意义。

树立和落实绿色发展理念

　　"十二五"期间，我国生态文明建设取得积极进展，节能环保水平明显提升，主要污染物排放持续减少。与 2010 年相比，2015 年单位 GDP 能源消耗降低 18.2%。化学需氧量、二氧化硫、氨氮、氮氧化物排放总量分别减少 12.9%、18%、13%、18.6%，均超额完成了规划指标。森林覆盖率达到 21.66%，森林蓄积量达到 151 亿立方米。

　　但是也要看到，我国经济发展与资源环境的矛盾仍然突出，环境污染严重、环境风险增高、生态损失加大的问题尚未根本解决。2015 年，我国 338 个地级及以上城市中，265 个城市细颗粒物（PM2.5）浓度不达标，平均超标天数比例达 23.3%。一些城市黑臭水体、河流污染、湖泊富营养化问题依然严重。长期的工业化建设，使一些地方土壤污染面积扩大，重金属、持久性有机物污染加重。全国近 80% 以上草原出现不同程度的退化，水土流失面积占国土总面积 37%。草原退化、水土流失、土地沙化、湿地湖泊萎缩、地面沉降等问题十分严峻。

为了实现"十三五"时期发展目标，破解发展难题，厚植发展优势，"十三五"规划提出了5个新的发展理念，即创新发展、协调发展、绿色发展、开放发展和共享发展。绿色发展是新发展理念的重要组成部分。在发展思路上，"十三五"规划提出，坚持节约资源和保护环境的基本国策，坚持可持续发展，坚定走生产发展、生活富裕、生态良好的文明发展道路。要达到的目标是，加快建设资源节约型、环境友好型社会，形成人与自然和谐发展现代化建设新格局。

树立和落实绿色发展理念，需要把握好以下几个重点：

一是满足人民群众对美好生活的追求。享有优美宜居的环境是人民群众的基本权利，体现了人民群众的新期待。李克强总理在政府工作报告中指出，"治理污染、保护环境，事关人民群众健康和可持续发展"。在环保工作中应当优先解决关系民生的突出环境问题，如重金属污染防治，提高饮用水达标率，提高城市污水处理率等，努力做到不欠新账、多还旧账。应当看到，没有环境保护的繁荣是推迟执行的灾难。不解决环境问题，人类将生活在"幸福"的坟墓之中。越来越多的地方政府和企业已经认识到，优美的环境、清新的空气也是竞争力。未来5年，用牺牲环境换取经济一时发展的短视做法会越来越少。

二是处理好发展与保护的关系。世界各国在工业化进程中，都遇到过经济发展与环境保护的矛盾。很多发达国家先污染后治理，付出了沉重代价。我国在改革开放之初就接受了国际社会公认的可持续发展理念，提出了生态文明建设、节能减排、绿色发展、低碳发展等战略思路，并在实践中采取了很多行之有效的措施。但是，也有一些组织和专家走向另一个极端，将发展与保护对立起来，片面强调保护，这也是不正确的。我们必须清醒地认识到，绿色是发展的底色，不保护环境，发展不可持续。可是发展慢下来，没有一定的经济实力，也不可能保护好生态环境。处理好发展与保护的关系，就是要在发展中保护，在保护中发展，做到李克强总理在政府工作报告中要求的，"走出一条经济发展与环境改善双赢之路"。

三是形成覆盖全社会的绿色生产生活方式。随着社会生产力的提高，国民经济越来越成为一个高度复杂、高度一体化的巨型系统，社会生产、建设、流通、消费的各个领域，都不同程度地利用资源、影响环境。社会组织体系日益趋向多元化、多层次、扁平化。单独在某一个或几个环节推行绿色发展，都难以从根本上缓解资源环境与经济社会发展的矛盾。因此，我们应当从更高层面、更宏观视角考虑，在国民经济的各个领域，都要加强资源综合利用，强化生态环境保护，建设可持续发展的国民经济体系。在社会组织的各个子系统，都要推行有利于节约资源、保护环境的生产方式、生活方式和消费模式，形成节约环保型社会组织体系。只有真正落实李克强总理在政府工作报告中提出的"形成绿色生产生活方式"，才能实现绿色发展，建成生态文明的美丽中国。

（摘自《中国环境报》2016 年 3 月 21 日）

七

国防建设篇

以党在新形势下的强军目标为引领，贯彻新形势下军事战略方针，加强军队党的建设和思想政治建设，加强各方向各领域军事斗争准备，加强新型作战力量建设，加快推进国防和军队改革，深入推进依法治军、从严治军。到2020年，基本完成国防和军队改革目标任务，基本实现机械化，信息化取得重大进展，构建能够打赢信息化战争、有效履行使命任务的中国特色现代军事力量体系。

推动经济建设和国防建设融合发展。坚持发展和安全兼顾、富国和强军统一，实施军民融合发展战略，形成全要素、多领域、高效益的军民深度融合发展格局。

深化国防和军队改革是强军兴军的必由之路（节选）

高津

作者简介：高津，工程学硕士，中国人民解放军中将军衔，现任中国军事科学学会会长、中国人民解放军军事科学院院长。

强国必强军，强军必改革。党的十八大以来，党中央、习近平同志站在“两个一百年”奋斗目标和“四个全面”战略布局的时代高度，着眼实现中国梦强军梦，作出深化国防和军队改革的重大决策。坚定不移地深化国防和军队改革，是实现强军目标、支撑中国梦的必由之路，是打赢未来战争、进行具有许多新的历史特点伟大斗争的战略需要，关乎党、国家和军队的前途命运，关乎中国特色社会主义事业的兴衰成败。

深化国防和军队改革是顺应世界军事发展潮流实现我军跨越发展的时代抉择

进入 21 世纪第二个十年以来，世界新军事革命加速发展，战争形态向信息化战争加速演进。这将不以人的意志为转移，深刻改变国际力量对比，塑造大国博弈态势，影响国际战略格局走向。习近平同志指出：“这场世界新军事革命给我军提供了难得的历史机遇，同时也提出了严峻挑战。机遇稍纵即逝，抓住了就能乘势而上，抓不住就可能错过整整一个时代。”“我们必须到中流击水，军事上的落后一旦形成，对国家安全的影响将是致命的。”

世界新军事革命是当今世界大发展大变革大调整的重要构成和关键变量，其速度之快、范围之广、程度之深、影响之大前所未有。面对这场继冷兵器、热兵器、机械化军事革命之后的又一次划时代军事革命，世界主要国家竞相调整军事战略，加紧推进军事转型，以信息化为核心重塑军队组织形态、重构军事力量体系。战争形态处于由机械化向信息化跃升的质变期，核威慑条件下陆海空天网电一体化联合作战日益成为现实，战场从传统空间向极高、极深、极远物理空间和虚拟空间拓展，非对称、非接触、非线式作战样式更趋成熟，制信息权成为夺取战场综合控制权的核心，战争制胜机理深刻改变。我们必须清醒认识到自身存在的差距，我军军事体系是在机械化战争条件下和打大规模地面战争背景下形成的，整体上仍属于陆战型、国土防御型的结构；军事功能还不能满足打赢信息化局部战争的需要，还不能满足维护国家总体安全的需要，还不能满足履行大国责任、为国际社会提供更多公共安全产品、维护地区和世界和平发展的需要。

面对世界新军事革命的大潮，我党我军始终高度关注、积极应对，努力推进军队技术形态、理论形态和组织形态的现代化。党的十八大报告明确提出与时俱进加强军事战略指导，习近平同志军事战略思想和作为其政策化体现的新形势下军事战略方针，着眼国家由大向强跃升的战略位势和战略需求，深刻阐述了军事战略指导带方向性全局性根本性的重大问题，实现了党的军事指导理论和积极防御军事战略的重大创新，标志着我军理论形态的又一次历史性飞跃。当前最重要最紧迫的，就是要紧紧扭住强军目标这个牛鼻子深化国防和军队改革，把战争基点、战略指导、战略布局、作战思想等一系列新筹划新设计，贯彻落实、转化运用到军队组织模式、制度安排和运作方式上，推进军队组织形态现代化，构建中国特色现代军事力量体系。要着力解决长期困扰我军、羁绊强军兴军的体制性障碍、结构性矛盾和政策性问题，在联合作战指挥体制、军兵种力量规模结构、军队政策制度、军民融合深度发展等重要领域和关键环节的改革上取得重大突破，在进一步缩小我与强国军队"技术形态差"的同时，加快解决与强国强军要求不相适应的"组织形态差"，并进一步巩固和发展我军特有的政治优势和组织优势，为实现强军目标提供体制机制和政策制度保障。

百舸争流、千帆竞渡。我们要赢得战略主动权，就必须树立停滞就会落后、落后就要挨打的强烈忧患意识，树立对党对国家对民族对战争高度负责的使命意识，树立充分利用国家发展"三个前所未有"战略态势的机遇意识，不失时机地把国防和军队改革引向深入，推进到新境界新高度。俄罗斯前国防部长谢尔盖耶夫曾说："改革的最佳时机就是现在，明天改革就会更加复杂，再迟改革就不可能进行了。"战略机遇期对国家来讲是通过改革发展实现经济实力跃升的相对和平期，对军队来讲是通过改革备战实现军事能力跃升的有限窗口期。能否维护战略机遇期，能否从容应对战略风险，在很大程度上取决于军队改革的力度、深度、广度和速度，取决于军队通过改革凝结起来的慑战、止战、胜战的威慑和实战能力。机遇对各方是同等的，本质是竞争性利用。我们只有抓住机遇、锐意改革，才能跟上时代、引领时代，才能超越自我、超越对手，才能实现浴火重生、凤凰涅槃。

深化国防和军队改革是在强国进程中实现强军的战略举措

"兵不强，不可以摧敌；国不富，不可以养兵"。习近平同志指出，我们要实现中华民族伟大复兴，必须坚持富国和强军相统一，建设巩固国防和强大军队。在国家总体战略中兼顾发展和安全，把深化国防和军队改革纳入国家全面深化改革的总体布局，把国防和军队现代化融入国家现代化的历史进程，统筹筑牢安全和发展两大基石，既是强国之策，也是强军之道。

能不能把富国与强军辩证统一起来，历来是大国能否实现崛起的关键。保罗·肯尼迪在其《大国的兴衰》一书中，追溯了公元1500年以来大国的相互关系与兴亡盛衰，分析了国际体系中一流强国在励精图治、富国强军过程中经济与战略的相互影响。他认为大国兴衰的基本规律：财富是支撑军事力量的基础，获取和保卫财富又总是需要军事力量，如果一个国家把大部分资源用于军事目的而不是用于创造财富，从长远来看很可能导致国力削弱；如果一个国家在战略上过度扩张，得到的潜在好处很可能被付出的巨大代价所抵消。国富而兵不强，像我国历史上的宋朝、晚清，虽然拥有当时世界一流的经济体量，但终究落得个丧权辱国的惨境。穷兵而黩武，像二战时期的德国、日本，冷战时期的苏联，虽然军事实力称雄逞强于一时，但终究难逃失败崩溃的命运。

我国正处于由大向强发展的关键阶段，坚持富国和强军相统一至关重要。实现经济实力和国防实力同步增长，不断提升国家战略能力特别是军事能力，是我们战胜各种风险挑战、确保中国特色社会主义事业这艘大航船行稳致远的战略"压舱石"，也是我们深化国防和军队改革的战略着眼点。当前和今后一个时期，我们越是接近实现中华民族伟大复兴的目标，越要保持高度的战略清醒和战略定力，决不能犯颠覆性错误，必须统筹应对经济上"中等收入陷阱"和安全上"修昔底德陷阱"两种战略风险，必须实现经济与国防协调发展、平衡发展、融合发展，在资源投入上追求"1+1＜2"效应，在建设效益上追求"1+1＞2"效应，让经济与国防两个拳头都硬起来，真正做到《孙子兵法》所讲的"以己之不可胜，以待敌之可胜""不战而屈人之兵"。

实现富国与强军相统一，根本出路在于深化改革，打破军民二元分离结构、推动军民融合深度发展。我们党历来高度重视正确处理经济建设与国防建设的关系，新中国成立初期毛泽东在《论十大关系》中对这一战略问题进行了系统论述，改革开放后逐步形成了军民结合、寓军于民、军民融合等一系列重大思想。党的十八大以来，党中央、习近平同志明确把推进军民融合深度发展上升为国家战略，作为深化国防和军队改革的三大任务之一。随着当代科技革命、产业革命和新军事革命的迅猛发展，军事与政治、经济、社会、科技的关联度空前紧密，军民一体、平战一体、前后方一体的战争特点越来越突出，军用资源与民用资源的相通性、相关性、替代性越来越明显，建立军民融合深度发展体系成为世界主要国家的共同选择。美国提出建立军民"无缝"契合的国家科技工业基础体系，90%以上的军队武器研制生产由私营企业承担。日本积极推行寓军于民、以民掩军政策，构建军、产、学三位一体的武器装备研发体系，民营企业科研机构承担着80%的武器装备研发任务。与世界强国相比，我国军民融合还处于由初步融合向深度融合的过渡阶段，军民相互融合的领域范围亟待拓展，制约军民融合发展的思想观念、体制障碍和利益藩篱亟待突破。这就需要我们用改革的视野、改革的思路、改革的办法，做好军民融合深度发展这篇大文章。从体制、机制、法制上构建起统一领导、军地协调、顺畅高效的组织管理体系，国家主导、需求牵引、市场运作相统一的工作运行体系，系统完备、衔接配套、有效激励的政策制度体系；实现经济建设规划与国防建设规划、经济布局与军事战略布局全要素深层次对接；形成在重大基础设施和新型安全领域军民融合深度发展格局。只有这样，我们才能更加充分更加高效地融合运用军与民两种力量、两种技术、两种资源，建设强大军队，形成强大军事能力，为维护国家和平发展营造良好安全环境，为实现中华民族伟大复兴的中国梦提供坚强力量保证。

（摘自《解放军报》2015年11月2日）

中国军队"十三五"面临的挑战

公方彬

作者简介：公方彬，国防大学教授、博士生导师。曾任军事科学院军队政治工作研究所副所长、正师职研究员。担任过第十届全国青联常委、社会科学委员会主任。中国青少年预防犯罪研究会常务理事、中国青少年新世纪读书计划专家指导委员会成员、中央人民广播电台特约评论员、全军外宣专家、全军统评系列和总政直属院校教学专业高级专业技术资格评审专家、国防大学杰出中青年专家、入选全军首批创新型人才。

中国面临着"机遇前所未有，挑战前所未有"的总体形势，遇到的各种挑战是在自身不断发展壮大的过程中产生的，要学会正面应对。

现在遇到什么挑战？从国际来看，第一是守成大国与新兴大国的关系平衡问题。习近平同志在美国访问时明确提出，美国作为守成大国，中国作为新兴大国，要处理好关系，因为这不仅影响两个国家，还影响世界。中美关系的处理，实际就是挑战，需要美国调整理念，不能以冷战思维来处理国家关系。但不管怎么说，处理关系影响深远、影响巨大，这需要很高的平衡术。

第二个挑战，中国周边的矛盾，也就是既得利益者和维护国家利益者之间的冲突化解问题。比如南海问题、东海问题，都是别国攫取了中国利益，它就是既得利益者。中国有能力开始维护自己核心利益的时候，周边的矛盾关系怎么处理，这是一个很大问题，这就是挑战。能不能处理好，不仅影响到中国发展问题、亚太平衡的稳定性，甚至冲击世界。

第三个挑战，是国家发展中长期以来积累的矛盾怎么化解的问题。中国几十年来的快速发展取得了巨大成绩，但是必须得承认，巨大成绩的背后必然隐含了一些矛盾和问题，这些矛盾和问题集中爆发体现在：发展不平衡的问题、高投入低产出问题、污染问题，特别是创新能力不足的问题。这都直接影响到中国能不能实现新的五年计划的目标，再大一点说，那就是中华民族伟大复兴的目标。

军队是维护国家安全的核心力量，公方彬表示，迅速而安全地展开中国军队的调整改革，尽快生成战斗力是我们这支军队所面临的最大挑战。

中国走向世界，中国军队作为大国的军队，承担的责任越来越多。习近平同志在联大发言已经明确提出，中国要建立8000人的维和待命部队。这是什么姿态？这是一个维护和平的姿态。中国能不能走向世界，能不能够以强大军事力量保证世界和平？中国作为大国，维护和平必须要硬实力介入，那就是国防力量。

中国不希望战争，但是没有办法避免战争。需要军队介入、出手维护和平的时候，这支军队能不能上得去、打得赢？仅有信心是不够的，需要强大的实力，这是对中国的挑战。

军队改革大幕即将拉开，这次改革和近些年来，或者说改革开放以来的精简部队不一样。这是自毛泽东创立军队以来，我军建军治军的第二次巨大飞跃。为什么评价那么高？因为之前的百万大裁军、50万精简员额、20万精简员额，只针对人员，而这次的精简30万员额是将清体制的副产品，不是以减人为主。2017年底要完成这次调整改革，在这么短的时间之内，如何尽快生成战斗力，这对我军也是挑战，也是建军治军史上的第二次飞跃。

无论从哪个方面看，即将出炉的军队体制编制调整和裁军30万，都是一次具有重大现实意义和深远历史意义的改革，其作用和影响注定超过1985年的百万大裁军，1997年和2003年分别进行的精减员额50万、20万。因为本次非为减人而来，而是为了重构和优化军队领导、指挥和管理体制，减人只是改革的副产品。

强调体制编制调整改革重于精减员额30万，有内在逻辑关系。党的十八届三中全会确立了包括军队在内的全面深化改革，其间已经明确了改革的内容和路径，纪念抗战胜利70周年阅兵活动中，习近平主席宣布裁减员额30万，应当是军队体制编制调整改革的续集，或辅助篇。这样的前后承继关系，也决定着起点、重点和落脚点。

强调本次改革的意义重于前三次精减员额，主要是着眼本次改革的立意和品质。笔者认为，本次军队改革获得成功，功效将是毛泽东创建军队后的又一次伟大突破。当年毛泽东开创性地进行了"思想建党，政治建军"，保证了这支军队与封建军队、军阀军队，以及西方资本主义国家的军队再不一样，至少在牺牲精神上与世界最强大的军队有一比。这一点从"同样一个兵，昨天在敌军不勇敢，今天在红军很勇敢""红军就像个火炉，俘虏兵过来后迅速熔化了"的判断中看出，也可以从抗美援朝胜利中看出。

本次军队改革，实际上是"全面深化改革"的基本内容和组成部分。全面深化改革的目的在于为中华民族伟大复兴的中国梦奠基，包含其中的军队体制编制调整改革，根本是实现"敢打仗打胜仗"的强军梦。以强军梦支撑强国梦是其间的逻辑。正是因为从建设大国军队的高度设计新型体制编制，而给人以更多期待。所以，只要改革目的的达成，中国军队便凤凰涅槃，步入世界现代强国军队的行列。我们将本次改革评价为中国军队建军治军史上的第二次飞跃，还有一个原因，习近平提议全军政治工作会议在古田开，明确昭示我们从哪里来到哪里去，再出发的基点与着眼点。

既然本次改革意义重大，那么，推进中的军队改革已现哪些看点？我们围绕主导者、改革基础、改革路径和方式方法这几个决定因素分析问题。从改革的主导者看，作为军队最高统帅的习近平，已经通过上任来的责任和担当，顶层设计能力与决断力和执行力，赢得了党和人民、全军官兵的高度信赖，这对于改革的成功与否具有先决性的根本性。

从改革基础看，全军官兵已经将信任和期望化作动力和支持力，化作服从和服务大局的自觉性。能够印证的现象很多。以往几次精减整编，方案尚未落定，嘈杂之声此起彼伏，本次改革，方案即将揭晓，然而包括军队的消息灵通人士竟然不甚了了。在改革影响如此多人的切身利益的情况下，部队如此平静，至少说明习近平作为军队最高统帅拥有坚强的最终决策权，军委主席负责制、军队改革领导小组组长的权威和决断力已经反映到推进改革的全过程。官兵认同和接受这种权威，就会形成支撑力与推动力。更直接讲，无人站到本位主义立场上去争去跑，除了说明官兵对本次改革的高度信任，同时说明反腐和转变作风已经真正发挥出强大威力，说明坚强的政治规矩或政治纪律、组织纪律正在军队中回归、重建。简言之，改革的关键是人，这个问题解决好了，改革的最坚实的基础也就有了。

从改革的路径方法看，这次改革遵循了规律，比如，为了避免改革路径被"利益攸关方"扭曲，采取了转变作风和反腐走在前面，或同步推进；为了避免以往存在的裁判员与运动员双重身份集于一身，这次设计方案者跳出各总部、各大军区、各军兵种局限；为了避免改革与地方脱节而影响到官兵的支持度，本次军队改革纳入国家"一揽子"，也就是中央在十八届三中全会统筹了所有改革设计，实现顶层设计，上下互动，全面突破，等等。综上，我们有理由相信，本次军队改革能够成为我军建设史上的一次巨大飞跃。

（摘自央广网 2015 年 11 月 4 日）

深入推进军民协同创新

姜鲁鸣

作者简介：姜鲁鸣，国防大学国防经济研究中心教授，博士生导师，国家国防科技发展研究中心特聘研究员。军民融合发展研究的先行者和国防经济研究的领军人物。主要承担现代经济学、国防经济学等方面的教学和科研工作。著有《中国国防预算制度的创新》《中国国防经济历史形态》等个人学术专著，主编或与他人合作完成著（译）作 30 余部，发表学术论文 100 余篇。

习近平同志在十二届全国人大四次会议解放军代表团全体会议上的讲话指出，要把军队创新纳入国家创新体系，大力开展军民协同创新，探索建立有利于国防科技创新的体制机制，推进军民融合深度发展。这一重要思想，深刻反映了当代军事科技发展规律，为我军全面实施创新驱动发展战略、开创强军兴军新局面指明了方向。

信息时代战斗力生成的基本规律

在人类历史上，军事和科技是一对孪生兄弟。军事牵引科技，科技支撑军事，二者的深度交融和互动最终引致军事革命发生。从战斗力生成模式演变的历史规律看，往往先是科技创新引发武器装备革命，然后才有作战方式的根本性变革。历史发展一再表明，科技创新对转变战斗力生成模式具有先导性作用。

当前，世界正孕育着一场对未来军事活动具有重大影响的"颠覆性技术"创新潮。不久前美国国防部称，美国正在推进"比互联网影响更大"的四个重大技术项目，包括原子级全球定位系统、太赫兹频率电子与超材料太赫兹频率范围等。这些"颠覆性技术"，都是典型的军民通用技术，推动军事科技革命的动因也发生了历史性变化。随着科技革命、产业革命和军事革命的不断深入，军用技术与民用技术的界限越来越模糊，可转换性越来越强、重叠度也越来越高。今天，发达国家军事技术和民用技术的重合率已高达80%以上。这一态势表明，人类已经进入军民通用技术时代。军事科技创新能力的活水源头，蕴含于社会经济技术体系之中。如果不能融入国家和社会科技创新大体系，军事科技以及与之相伴相生的军队战斗力就会渐渐枯亡。

在这种理念下，主要国家都在大力推动军民协同创新。其基本手段为：加强体制整合，积极应对各种潜在的"技术突袭"；对核心前沿技术创新项目进行前瞻布局、密集投资；构建向全社会开放的军产学研协同创新体系；充分发挥小型民用技术企业的创新作用等。人们所熟知的因特网、隐身技术、全球鹰、X37B、X45等重大技术或平台，主要是通过充分发掘民智民力和军民协同创新实现的。为发展无人机和自主技术，美国不惜连年举办"无人机挑战赛""机器人挑战赛"等，面向全社会征集创新设计方案。俄罗斯成立的先期研究基金会，已成为国防创新的"技术直梯"，扶持了不少突破性创新。日本废除了长期实行的"禁止武器出口三原则"，其防卫省开始直接资助高校从事军事项目研究。

总的来看，目前各主要国家围绕抢占新军事科技革命的制高点正在展开激烈竞争。竞争的实质是对未来20—30年国防安全主导权的争夺，背后是现代国防安全理念与理念的交锋、体制与体制的竞赛，比拼的是看谁的制度更具适应性、更具变革能力，更能通过融合凝聚国家意志和全社会力量以支撑和孵化颠覆性技术创新。面对这一趋势，如果不能有效探寻军民协同创新发展新模式，积极超前部署，就难以把控未来安全主导权。一旦失手，落后的将是整整一个时代。

维护国家安全和发展利益的战略需求

在当代中国，将军事科技融入国家创新体系，大力推进军民协同创新，具有极其旺盛的战略需求。

加快形成体系作战能力。大幅提升我国军事能力，必须突破战斗力生成的高新技术瓶颈。改革开放以来，我国国防科技取得了长足的进步，但仍有不少关键装备、核心技术、高端产品还依赖进口，核心技术长期受制于人。要有效解决这些问题，完成科技强军的历史重任，必须深入推进军民协同创新。经过多年发展，目前我国经济社会已经形成了强大的科技研发能力，积累了雄厚的科技基础，高新技术民营企业已经数以十万计，很多民营企业高科技实力已经超过传统军工部门，军民协同创新的战略潜力日益显现。据统计，2015 年我国专利申请量达 110 万件，连续 5 年居世界第一，前沿技术领域发明专利申请数量成倍增长。在这些创新活动中，中小企业是主力军。但目前获准进入国防科技工业的民营企业数量和比重还很少。要在先进武器装备研发等军事能力建设上取得重大突破，要降低武器装备的全寿命周期费用，就应进一步清除高新技术企业进入国防领域的障碍，必须充分利用民用科技资源和民用科技成果，形成军民协同创新的强大合力，用全国最优质的科技资源建设现代军事力量体系。只有在更广范围、更高层次、更深程度上把军民融合创新体系纳入国家创新体系之中，实现军民科技资源充分融合，才能打造适应信息化战争要求的军事力量。

大幅提升国家自主创新能力。改革开放后，我国自主创新能力不断提高，以高铁、核电、卫星为代表的高端科技产品举世瞩目，但科技大而不强、臃肿虚胖体弱问题仍十分突出，原始创新、基础创新、集成创新的总体水平还比较低，与世界发达国家还存在明显差距。一个重要根源在于科技创新的军民分离。在军民分离状态下，整个国家创新体系实际上被分隔为两个独立的运行体系，即一般民用科技创新体系和国防科技创新体系。二者面对市场不同，管理运行机制的不同，造成二者渐行渐远，导致科技创新体系建设的重复投资、资源浪费、创新乏力。要大幅提升自主创新能力，必须拆除军民科技之间的藩篱。通过军民协同创新，能够充分发挥军事科技和民用科技各自优势，形成强大的科技协同效应。以军事科技对民用科技作用来说，实施军民协同创新，可以更加充分地发挥军事需求对重大科技创新的牵引作用，也能够更好发挥军事科技对高新技术的孵化效应，充分激活国防系统长期积淀形成的优质创新资源和技术，加速军事先进技术转向民用领域。这样看来，在战争形态信息化、技术形态军民通用化的历史条件下，打破军民分隔的壁垒，在全社会范围内整合创新资源，是我们在基础性、前沿性、战略性科技领域实现根本性突破的关键。

促进经济建设和国防建设融合发展。在世界综合国力竞争中，军民协同创新能力本质上反映了一个国家在当今世界竞争体系中的动态位势，也反映着国家发展和安全所倚重的经济技术基础性质。对一个大国来说，统筹经济建设和国防建设的核心问题，在于能否通过社会资源大整合，建立起领先于世界的物质技术基础。对当今我国而言，要实现经济建设和国防建设长远性、稳定性的协调发展，根本路径是要通过军民协同创新，形成军事科技与民用科技互动共生的良性循环，使本国经济建设和国防建设的经济技术形态与世界先进水平保持协调一致，建立起领先于世界的先进经济技术力量和国防力量，进而实现终极意义上的富国强军。

军民协同创新的实践要求

习近平同志指出，我军要解放思想、实事求是、与时俱进，推动创新、支持创新、引导创新，实现国防和军队建设更高质量、更高效益、更可持续的发展。贯彻落实这一思想，我们必须在推动军民协同创新进程中积极作为。

更新理念。在长期的机械化战争实践中，军队作战能力的生成一直是在军队自身范围内循环的，由此人们形成了一种根深蒂固的思想认识，似乎生成作战能力就是军队自己的事情，没有看到现代战争的制胜机理与机械化条件下的战争已大相径庭，现代军事科技能力生成途径已远远超出军队自身范围，必须融入国家、社会甚至人民群众之中。这就要求我们，坚决摒弃囿于国防和军队自身条件搞战斗力建设的狭隘思路，牢固树立"大科技""大体系""大集成"的理念，以一种胸怀国家安全和发展全局的战略视野，一种基于信息时代发展、开放、共融的宽阔思维，积极主动地推动军民协同创新。如果我们的认识还停留在搞融合就是更多利用地方资源上，那就很容易置身于军民融合大局之外，充当军民协同创新实践的旁观者。

明晰需求。从根本上说，需求牵引是军民协同创新的第一推动力。如果缺乏全面、准确、清晰、具体的军事需求，科技创新的军民融合就会成为无源之水。为此，应加强需求生成论证与评估，加强军队科技需求与国家创新发展规划的有机衔接，切实改变目前"军队分散提需求、军地多头搞对接"的状态，实现"军队统一提需求、军地统筹搞对接"，以科学合理的军事需求牵引前沿技术发展，从源头上促进现代军事体系作战能力的生成。当前尤其应当关注"十三五"规划、"一带一路"战略实施中的军民协同科技创新问题。

超前布局。习近平同志要求我们，必须高度重视战略前沿技术发展，通过自主创新掌握主动，见之于未萌、识之于未发，下好先手棋、打好主动仗。超前布局，就要强化国防科技发展战略规划职能，确定正确的跟进和突破策略，选准主攻方向和突破口进行超前谋划，通过设计未来战争、创新作战概念，加紧在一些重要领域形成独特优势。超前布局，需要选择确定代表未来发展方向、对军地技术均具"颠覆性"的超大型项目，打通梗阻，搭建桥梁，整合军地研究力量集中攻关，使之成为拉动经济建设和国防建设协调发展的强大引擎。超前布局，还要加大军民两用技术创新的支持力度，重点建设重大原创性、前瞻性、对国防建设和国民经济有双重影响的重大顶目，完善优惠政策，建立允许失败机制，激励高新科技创新。

强化协同。协同创新，难在协同，贵在协同。推进协同，使过去各自独立运行的两大体系融合起来，成为推进现代战斗力生成和两大建设融合发展的强大推动器，最重要的是理顺各种涉及军民两大科技体系互动的基本利益关系。这就需要纵向上强化促进军地各级部门贯彻军民协同创新战略规划的激励机制，横向上强化促进军民创新主体及主体间协同合作的激励机制，以及协同创新过程中对军地双方进行合理补偿的机制。强化这些协同机制，就能营造出有利于军民协同创新的良好氛围，实现军地创新主体同频共振，共同打造富国强军统一的物质技术基础。

（摘自《解放军报》2016 年 4 月 6 日）

谱写"十三五"国防和军队建设新华章

李升泉

作者简介：李升泉，国防大学政治部主任，曾任国防大学军队建设与军队政治工作教研部主任。

党的十八届五中全会审议通过的《中共中央关于制定国民经济和社会发展第十三个五年规划的建议》，高度重视国防和军队建设，强调要以强军目标为引领，贯彻新形势下军事战略方针，加快推进国防和军队改革，深入推进依法治军、从严治军，推进经济建设和国防建设融合发展，构建能够打赢信息化战争、有效履行使命任务的中国特色现代军事力量体系。我们要认真学习贯彻习近平同志在五中全会上的重要讲话和党中央"十三五"规划建议，统一思想，锐意进取，努力开启国防和军队建设新的发展时期。

以新的发展理念引领"十三五"时期国防和军队建设新发展

习近平同志在十八届五中全会上的重要讲话中，深刻阐释了"创新发展、协调发展、绿色发展、开放发展、共享发展"的五大发展理念，强调要以发展理念转变引领发展方式转变，以发展方式转变推动发展质量和效益提升。习近平同志关于新的发展理念的重要论述，是贯穿五中全会精神的一条红线。面对经济社会发展新趋势新机遇和新矛盾新挑战，要夺取全面建成小康社会的新胜利，必须牢固确立并切实贯彻新的发展理念，保持经济社会持续健康发展，确保如期实现第一个一百年的战略目标。提出创新、协调、绿色、开放、共享的发展理念，正是习近平同志针对中国发展面临的新情况新问题作出的时代回答，是党中央治国理政思想的重大理论创新。

牢固树立切实贯彻新的发展理念，对军队建设尤为紧迫和重要。国防和军队建设是中国特色社会主义伟大事业的重要组成部分。富国才能强军，强军才能安邦。只有国家经济实力增强了，国防建设才能有更大发展；只有把国防建设搞上去，经济建设才能有更加坚强的安全保障。当前，我国发展仍处于可以大有作为的重要战略机遇期，但影响和冲击战略机遇期的因素很多。国际战略形势和国家安全环境面临多样化的威胁和挑战，各种威胁和挑战的联动效应明显，维护国家安全和社会稳定的任务更加艰巨。我们要战胜来自各个方面的挑战，军队提供坚强的力量保证是绝不可缺少的。面对强军兴军的加速推进期、作风建设的破立并举期、深化改革的攻坚克难期，迫切需要我们用新的发展理念指导新的发展实践。

谋划新形势下军队建设发展，就是要贯彻党的十八届五中全会精神，把新的发展理念牢固确立起来，以理念创新引领实践创新，用创新理念推动改革发展，开创"十三五"期间军队建设新局面。新的发展理念是一个具有内在联系、相互贯通、相互促进的集合体。创新是引领发展的第一动力，协调是持续健康发展的内在要求，绿色是永续发展的必要条件，开放是国家繁荣发展的必由之路，共享是中国特色社会主义的本质要求。只有结合军队实际，全面领会五大发展理念的深刻内涵，准确把握五大发展理念的辩证关系，不断提高贯彻五大发展理念的能力水平，才能推动军队建设迈上发展新台阶。要充分认清全面建成小康社会对国防和军队建设提出的新要求，充分认清军队支撑强国伟业所肩负的使命责任，聚焦强军目标的核心要求，把创新、协调、绿色、开放、共享的发展理念和要求贯穿到部队建设的全过程，落实到军事、政治、后勤、装备工作的各个方面，凝聚官兵智慧力量，提高发展质量效益，力争到 2020 年基本实现机械化，信息化建设取得重大进展，担当起维护国家主权、安全、发展利益的重大责任。

加快推进和不断深化国防和军队改革

党的十八届五中全会通过的《建议》是"十三五"期间我国经

济社会发展的行动纲领，也是深化国防和军队改革、推进国防和军队建设的行动纲领。我们必须以《建议》和习近平总书记系列重要讲话精神为指导，以高度的历史自觉和强烈的使命担当，加快推进国防和军队改革。

从世界发展大势来看，新军事革命深入发展，战争形态、作战方式深刻演变，要求我们必须紧跟世界军事发展潮流，加快推进国防和军队改革步伐。当前，国际形势继续发生深刻复杂变化，世界多极化、经济全球化深入发展，文化多样化、社会信息化持续推进，国际格局和国际秩序加速调整演变。特别是随着新一轮军事改革的潮流正在世界范围内兴起，美、俄、日等世界主要国家都在积极调整安全战略和防务政策，加紧推进军队改革，重塑军事力量体系，抢占军事竞争制高点。我们要想在百舸争流、千帆竞发的洪流中勇立潮头，在不进则退、不强则弱的竞争中赢得优势，在形态多样、日新月异的战争中确保胜利，就必须深化国防和军队改革。

从国家整体发展形势看，围绕"四个全面"战略布局，各方面各领域改革迅速推进，国防和军队改革如果不抓紧，就会落后于国家改革总形势。国防和军队改革是国家全面深化改革的重要组成部分，也是全面深化改革的重要标志。历史上，那些抓住发展机遇推进军队改革的国家，往往乘势而上进入强国行列。反之，则可能沦为落后国家。国内外历史发展的实践证明，军队改革关系国家前途命运，处理好军队改革和国家改革的关系，始终是治国理政需要把握好的重大问题。

党的十八届三中全会把国防和军队改革单独作为一章写进《决定》，纳入国家全面深化改革的总盘子，充分体现了军队改革在国家全面改革总体布局中的特殊意义和重要地位作用。也说明，要解决长期制约国防和军队建设的突出矛盾和问题，单靠军队的力量是不够的，必须依靠全党和全国人民的力量，必须把国防和军队改革上升为党的意志、国家行动。现在，全国上下积极贯彻落实党中央精神，各项改革已经按下"快进键"、进入"快车道"，形成了强大的改革势场，呈现出全面播种、次第开花的生动景象。军队改革必须踏上国家改革的节奏，与国家改革进程相一致，与经济社会各领域的改革相协调，推动国防实力与经济实力同步发展，真正使我军的军事组织形态和军事能力与整个国家的治理体系和治理能力相适应。要积极适应新形势下军事战略方针要求，通过深化改革攻克体制上的顽瘴痼疾，突破利益固化藩篱，加快提高军队打赢信息化战争的能力，更好维护国家主权、安全和发展利益。

大力推进经济建设和国防建设深度融合发展

党的十八届五中全会提出，推动经济建设和国防建设融合发展，形成全要素、多领域、高效益的军民深度融合格局。这是我们党从国家安全和发展战略全局出发作出的重大决策。

当今世界，随着新一轮科技革命、产业革命的孕育兴起和世界新军事革命的加速发展，社会经济形态、技术形态和战争形态深刻演变，军民融合已经成为时代潮流，成为各国综合国力竞争和军事竞争的一种新趋势。当今中国，经济社会发展正处在爬坡过坎的关口。我们既面临加快经济转型发展的任务，又面临着建设强大巩固国防的任务，必须在国家总体战略中兼顾发展和安全，找到统筹经济建设与国防建设的"黄金分割点"。尤其是在我国经济发展进入新常态的背景下，推进军民深度融合发展有利于促进经济发展方式转变和经济结构调整，有利于增强国家战争潜力和国防实力。只有应势而动、顺势而为、乘势而上，推进军民融合国家战略，不断丰富融合形式，拓展融合范围，提升融合层次，才能逐步形成全要素、多领域、高效益的军民深度融合发展格局。

习近平同志强调，军民融合对于促进经济增长方式转变和经济结构转型升级，实现经济发展创新驱动，具有格外重要的意义。在经济发展新常态下，扩大国防需求规模，通过军民融合释放国防需求潜力，既可以为军队节省开支，提高军费使用效益，又可以帮助军民两用型企业化解库存积压，催生新的消费增长点，提高经济发展效益。诸多我们耳熟能详的技术产品，最初都是由军队研发投资，通过技术的民用转化，最终使整个国民经济受益。不断推进军民深度融合，还能够有效发挥各类所有制经济混合发展优势，最大限度地促进技术、资源、人才、信息、资金等要素在军地间自由流动、共享共用，激发产生新的经济增长点，增强社会经济活力。

落实军民融合国家战略，需要加强国家层面的战略规划，加强国家和军队规划的统筹、协调和衔接，让规划主导资源配置，资源配置引导军民融合发展。必须加强规划实施督导检查，建立问责机制，强化规划的刚性约束和执行力，努力把实施军民融合发展战略的思路举措落下去，推动军民融合向更高层次、更高水平发展。

（摘自《解放军报》2015 年 11 月 11 日）

让科技创新之光照亮改革强军之路

王建伟

作者简介：王建伟，国防科技大学政治委员，曾任总政宣传部部长。出版专著 15 部。

习近平同志在十二届全国人大四次会议解放军代表团全体会议上发表的重要讲话，围绕全面实施创新驱动发展战略提出了一系列新理念新思想新战略，要求下大气力抓理论创新、抓科技创新、抓科学管理、抓人才集聚、抓实践创新，科学擘画了靠改革创新推动国防和军队建设实现新跨越的路线图，发出了以创新的思路办法攻坚破难的动员令，立起了军事创新的思想灯塔。必须自觉把创新摆在军队建设发展全局的重要位置，坚持战斗力标准，扎实推进军事理论、技术、组织、管理、文化等各方面创新，特别是要紧紧抓住科技创新这个"牛鼻子"，充分发挥科技创新的引领作用，以重点突破带动和推进全面创新，不断开创强军兴军新局面。

党的十八大报告明确指出，科技创新是提高社会生产力和综合国力的战略支撑。对军队来说，科技创新就是实现党在新形势下的强军目标，建设世界一流军队的战略基点。当前，各主要国家军队都在提前部署面向未来的科技创新战略和行动，美军正加紧实施"第三次抵消战略"，企图形成新的压倒性技术优势，其他大国也不甘落后、动作频频。而我军现阶段在高新技术方面同世界军事强国相比仍有较大差距，主要是科学技术水平上不去，科技储备也远远不够。必须超前布局、超前谋划，下好先手棋、打好主动仗，确定正确的跟进和突破策略，选准主攻方向和突破口，着力在基础性关键性领域实现自主式跨越，着力在前沿性颠覆性领域实现先发式发展，加紧在一些重要领域形成独特优势，力求"后来居上""弯道超车"，由跟跑并跑向并跑领跑转变。

历史和现实反复证明，谁在创新上先行一步，谁就能拥有引领发展的主动权。各级特别是领导干部应当把使命责任牢牢扛在肩上、紧紧抓在手上，带头解放思想、实事求是、与时俱进，推动创新、支持创新、引导创新，不断提高科技创新对战斗力增长的贡献率。要鼓励创新创造，尊重官兵主体地位，发挥官兵首创精神，激发他们锐意创新的勇气、敢为人先的锐气、蓬勃向上的朝气，争当创新的推动者和实践者。要搭建创新平台，以军队"十三五"规划重大专项为牵引，建好用好重大科技研发平台，加速孵化高水平成果。要完善创新机制，坚持融入国家创新体系，大力开展军民协同创新，破除一切制约科技创新的思想障碍和制度藩篱，不断释放创新潜力、激发创新活力。要集聚创新人才，遵循人才成长规律，注重培养一线创新人才和青年科技人才，努力造就一批世界水平的科学家、科技领军人才、工程师和高水平创新团队。要弘扬创新文化，倡导敢为人先、敢于冒尖，尊重创新、崇尚创新，营造勇于创新、鼓励成功、宽容失败的浓厚氛围，切实使谋划创新、推动创新、落实创新成为全军官兵的自觉行动。

（摘自中国军网 2016 年 3 月 16 日）

后　记

本书以"十三五"规划精神为依据，结合党的十八大以来中央一系列重要决策和习近平总书记、李克强总理的讲话精神，选取了国内经济领域知名专家学者公开发表的学术文章、接受媒体采访的访谈记录，以及参加各学术交流活动发言中所阐述的关于"十三五"规划的多方面内容，既有深入浅出的分析，也有及时准确的数据；既有学术泰斗的沉稳，也有学术新锐的独到，阐明党的宏观经济调控决策调整的科学性，以及立足于中国经济发展实践推进理论创新的自觉性和准确性。

全书包括七部分，分别从经济建设、政治建设、文化建设、社会建设、科教建设、生态文明建设、国防建设等方面，以专家学者的视角与思维展开。

我们对书中所选取不同专家们精辟的见解、鲜明的观点、严谨的论证、翔实的数据表示由衷的敬意！

虽然编写组真诚努力，但书中的错误与疏漏在所难免，恳请读者和学界同仁批评指正。

在选编过程中，借鉴和引用了一些专家学者的文章和观点，由于时间紧迫，无法与部分作者取得联系，在此谨表深深的歉意，同时对所有文章的作者表示衷心的感谢。对尚未取得联系的文章作者，希望主动与我们联系，我们将按有关规定支付稿酬，联系邮箱为bjfubo@163.com。

编　者